Cooler Trendschmuck aus Gummibändchen

Gestaltet die tollsten Accessoires für euch und eure Freunde!

Mach dich auf den Weg zum neuesten, angesagtesten Modespaß für coole Kids. Aus bunten Gummibändchen gelingen dir in wenigen Minuten mit ein paar einfachen Werkzeugen farbenfrohe und topmodische Armbänder, Halsketten, Ohrringe, Gürtel und andere Accessoires für deinen Style. Was darf's sein? Ein rosa Armband im Prinzessinnenlook (Seite 26), Fußschmuck für den großen Auftritt am Strand (Seite 44) oder ein Fischgrät-Armband für die Shoppingtour (Seite 20)? Die Anleitungen sind leicht verständlich. Hier findest du eine Menge toller Accessoires zum Selbermachen. Alles, was du brauchst, sind ein Haken (z. B. eine Häkelnadel), kleine Gummiringe in deinen Lieblingsfarben, kleine Plastikclips zum Verbinden der Glieder und ein Knüpfrahmen (gibt's z. B. von Rainbow Loom®, Cra-Z-Loom™ oder FunLoom™). Worauf wartest du noch? Leg los!

Hier siehst du, was du alles machen kannst

Die Grundtechniken

Projekte

Lauter tolle Ideen

Mit Gummibändchen und einem Rahmen kannst du unendlich kreativ sein! Fertige Halsketten, Ringe und Accessoires an, kombiniere Farben nach Lust und Laune oder arbeite Perlen und Anhänger ein. Die Beispiele auf den folgenden Seiten sollen dir nur ein paar Anregungen liefern und zeigen, wie vielseitig und witzig es ist, selbst Schmuck aus Gummibändchen anzufertigen.

Ruck-zuck-Ring

Ringe sind besonders leicht und schnell gemacht: Einfach ein beliebiges Armbandmuster so kurz arbeiten, dass es um den Finger passt! So kannst du zu jedem Armband den passenden Ring gestalten.

Cooles Collier

Mach doch mal eine schicke Halskette, indem du mehrere Basic-Bänder verbindest! Bei dieser raffinierten Kette wurden drei Bänder in Blau- und Grüntönen zu einem hübschen, dreireihigen Collier kombiniert.

Hingucker am Fußgelenk

Jedes Armband kann auch am Fuß getragen werden! Die fantastisch dehnbaren Basic-Bänder legen sich perfekt um die Knöchel und tragen sich herrlich bequem.

Beste Freundinnen

Gestalte doch bei der nächsten Geburtstagsfeier oder Übernachtungsparty mit deinen besten Freundinnen Armbänder, die zeigen, dass ihr zusammengehört. Übrigens: Solche Bänder sind auch ein prima Geschenk!

Für wahre Fans

Mit deinen selbst kreierten Armbändern kannst du zeigen, für welchen Fußballverein dein Herz schlägt. Mach gleich mehrere, unterschiedlich gemusterte Bänder in den Farben deines Lieblingsteams und trage sie beim nächsten Spiel.

Topmodisch

Mehrere Armbänder im selben Muster, aber in unterschiedlichen Farben fallen garantiert auf. Perfekt wird der Look mit Ohrringen im selben Design.

Mach ein süßes Halsband für dein Lieblingskuscheltier!

Arbeite Armbänder in harmonierenden Farben und befestige Anhänger dran!

Mehrere Bänder am Arm sehen richtig flippig aus!

Die Grundtechniken

Material und Werkzeug

Für den Anfang brauchst du nur vier einfache Dinge. Die meisten davon bekommst du im Bastel- oder Spielwarengeschäft. Du brauchst:

- einen Rahmen für Schmuck aus Gummibändchen (z. B. Rainbow Loom®, Cra-Z-Loom™ oder FunLoom™)
- kleine Kunststoffclips (am besten C- oder S-Clips)
- kleine Gummibändchen bzw. Gummiringe (15–20 mm im Durchmesser)
- eine Häkelnadel

Die Rahmen gibt es als Sets mit allen oben aufgeführten Teilen. Das ist eine prima Grundausstattung für den Anfang! Wenn dir die Gummibändchen ausgehen (was garantiert bald passieren wird!) oder wenn du andere Farben verwenden möchtest, kannst du im Bastelgeschäft oder über das Internet Nachschub in allen Regenbogenfarben kaufen. Jedes Hobbygeschäft, das die Rahmen führt, hat auch die Gummiringe und die Clips auf Lager – denn auch die werden dir bald ausgehen. Die verschiedenen Rahmen haben unterschiedlich viele Längs- und Querreihen von Stiften. Für alle Modelle und Anleitungsfotos in diesem Buch wurde der Rainbow Loom® verwendet, aber es macht gar nichts, wenn du einen anderen Rahmen hast. Wenn du dich genau an die bebilderten Schritt-für-Schritt-Anleitungen hältst, gelingt dein Schmuckstück garantiert. Du musst dann einfach nur die nicht benötigten Stiftreihen weglassen.

Tipp: Wenn du zwar einen Rahmen, aber keine Häkelnadel hast, solltest du zum Kauf der Häkelnadel den Rahmen mitnehmen, um die richtige Stärke zu finden. (Stärke 4–4,5 mm passt im Allgemeinen.) Vielleicht häkelt aber auch deine Mama, deine Oma oder eine von ihren Freundinnen, so dass du dir dort eine Häkelnadel ausleihen kannst.

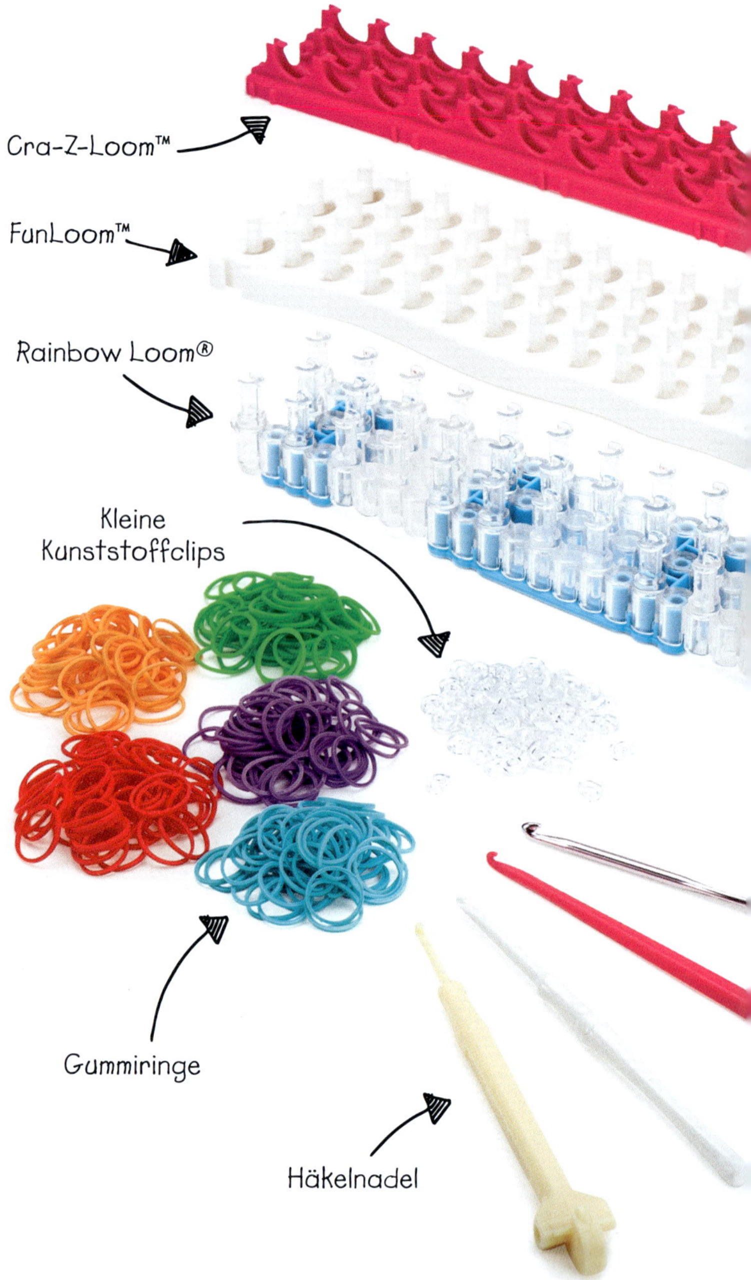

Hier siehst du nur ein paar von den Farben, in denen du deinen Schmuck gestalten kannst!

Halte die Augen offen: In deinem Bastelgeschäft und im Internet findest du immer die neuesten und coolsten Farben.

Von links nach rechts: Fuchsia, Pink, Rot, Orange, Karamell, Neon-Orange, Gelb, Gelb transparent, Neon-Grün, Lindgrün, Olivgrün, Dunkelgrün, Blaugrün, Türkis, Petrol transparent, Azurblau, Marineblau, Blau transparent, Violett, Violett transparent, Grau, Weinrot, Schwarz, Weiß, Nachtleuchtend.

Basic-Band auf dem Rahmen

An diesem ganz einfachen Armband lernst du den Rahmen und das Einhängen und Verbinden der Gummiringe kennen. Wenn du erst mal den Bogen raus hast, kannst du massenhaft Armbänder in ein paar Minuten anfertigen. Die Grafik auf Seite 13 zeigt dir, wie du nach dieser Schritt-für-Schritt-Anleitung vorgehen musst.

Das brauchst du

- 25 Gummiringe (für das abgebildete Modell 13 x Violett und 12 x Pink)
- 1 Clip
- Rahmen
- Häkelnadel

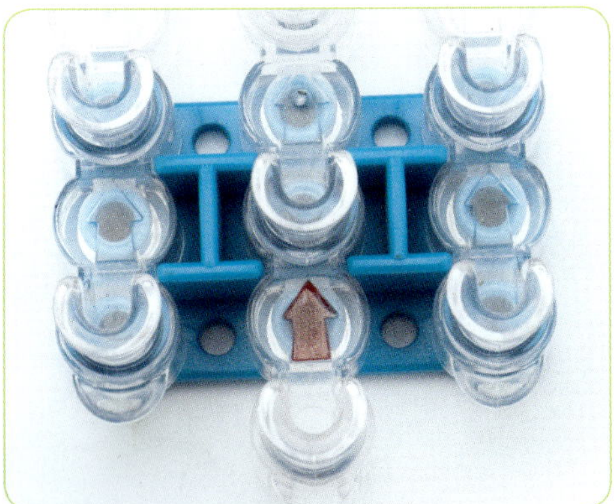

1 Den Rahmen so hinstellen, dass der Pfeil nach oben (von dir weg) zeigt. Der unterste Stift steht unten vor.

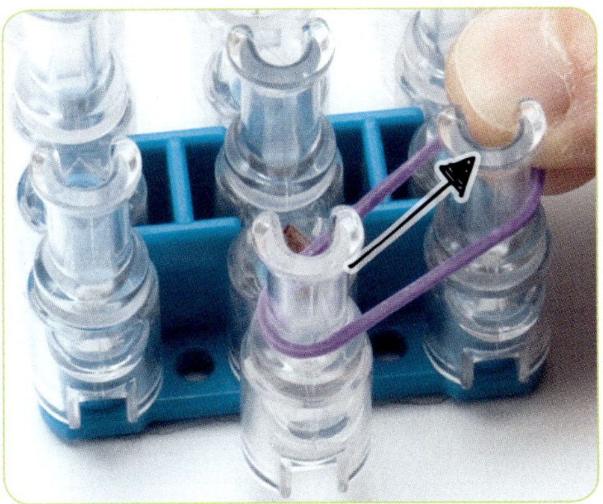

2 Den ersten Gummiring über den Stift in der unteren Mitte (den Stift, der am nächsten bei dir liegt) legen und über den rechten unteren Stift ziehen.

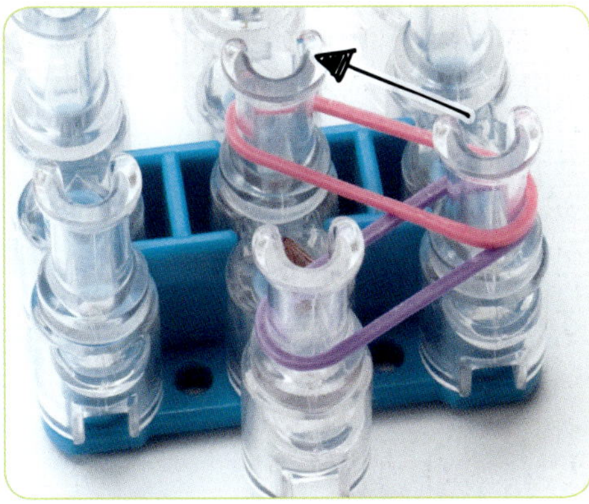

3 Den zweiten Gummiring über den zuletzt verwendeten Stift legen und über den schräg links darüber liegenden Stift ziehen (den Stift über demjenigen in der unteren Mitte).

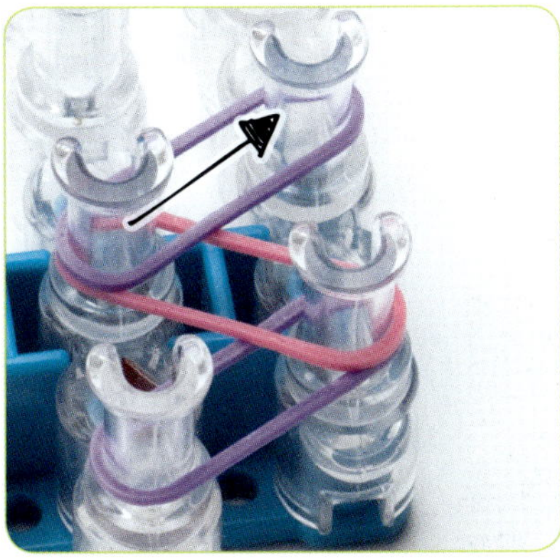

4 Den dritten Gummiring über den zuletzt verwendeten Stift legen und über den nächsten Stift schräg rechts darüber ziehen.

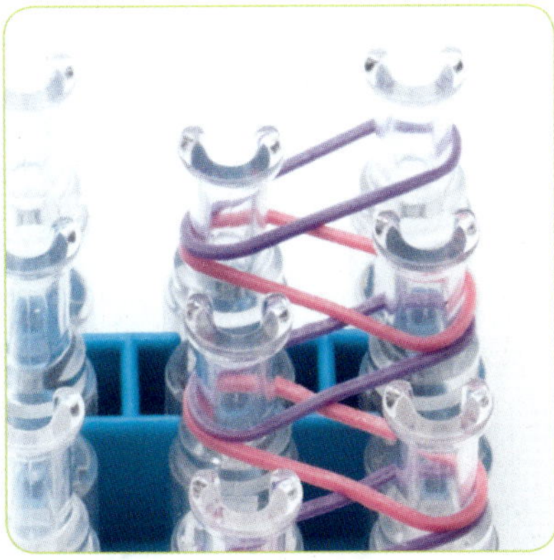

5 Schritt 3 und 4 stets wiederholen, bis die Gummiringe verbraucht sind oder das obere Ende des Rahmens erreicht ist. **Denk dran: Mit dem jeweils neuen Ring immer beim zuletzt verwendeten Stift beginnen.**

6 Jetzt geht's ans Verbinden! Zuerst den Rahmen so drehen, dass der Pfeil oben liegt und **nach unten** zeigt (also zu dir hin).

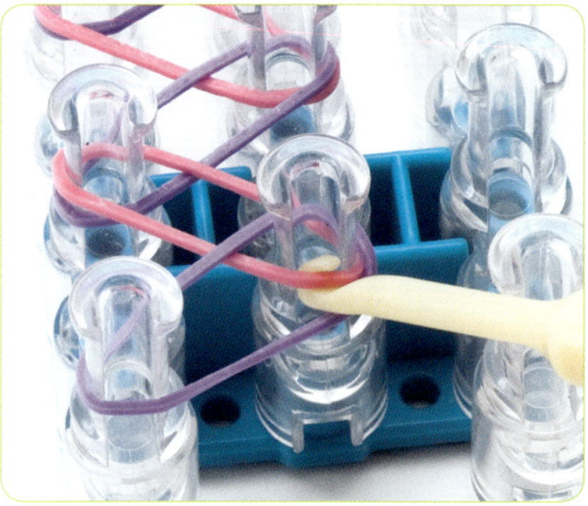

7 Am unteren Rand des Rahmens beginnen (also direkt vor dir). **Die Häkelnadel in die große Schlinge einstechen,** die vom zuletzt eingehängten Gummiring gebildet wird. Achtung: **In die Rille des Stiftes** einstechen!

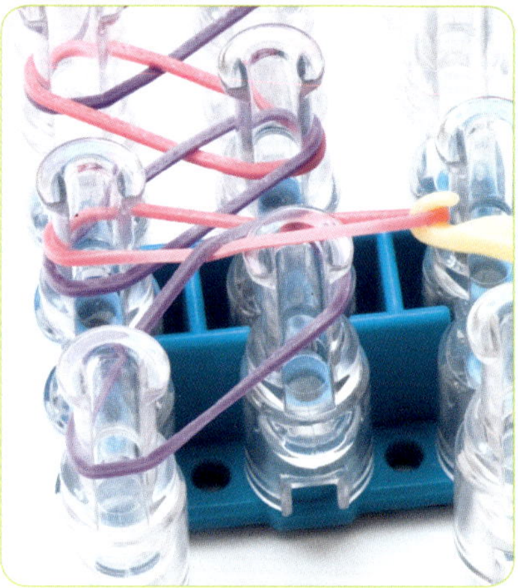

8 Den vorletzten Gummiring vom Stift in der unteren Mitte abheben ...

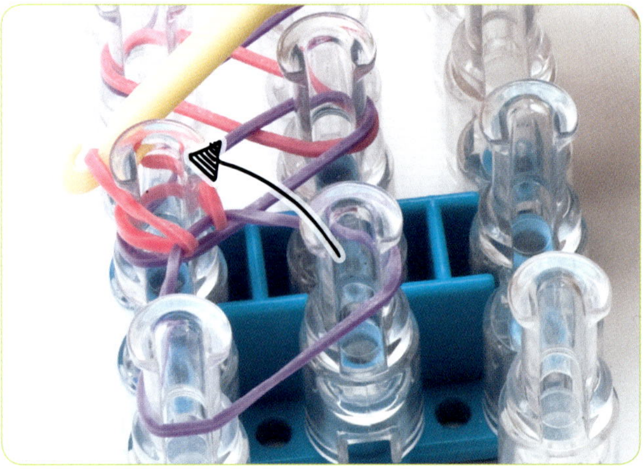

9 ... und über den Stift schräg links darüber heben: Das ist der andere Stift, auf welchem der Gummiring bereits liegt. Auf diese Weise wird der Gummiring zurück um seinen ursprünglichen Stift geschlungen.

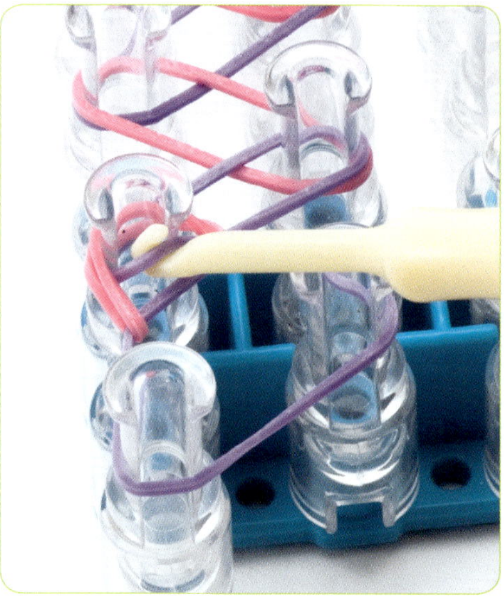

10 Nun die Häkelnadel in die Rille des Stifts einstechen, den du gerade belegt hast, und den nächsten Gummiring erfassen (nicht den zuvor verwendeten Gummiring!).

AUF KEINEN FALL!

Niemals einen Gummiring von außen erfassen, wie auf dem Foto gezeigt. **Immer** in die Rille des jeweiligen Stifts auf der Innenseite der Gummiringe einstechen, die schon um den Stift gelegt sind (siehe Schritt 10).

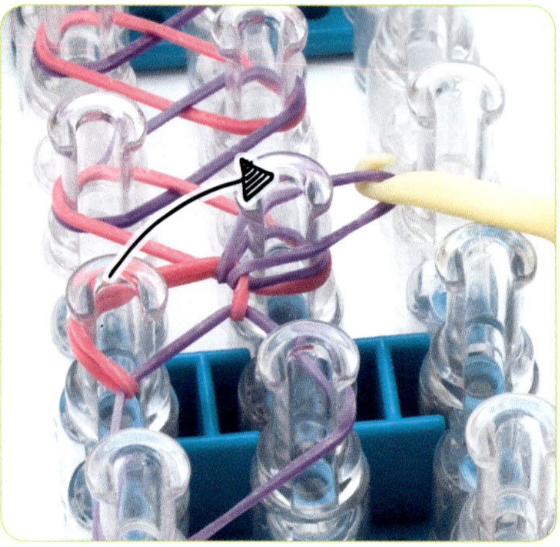

11 Den Gummiring vom Stift abheben und über den Stift heben, von dem er ausgeht.

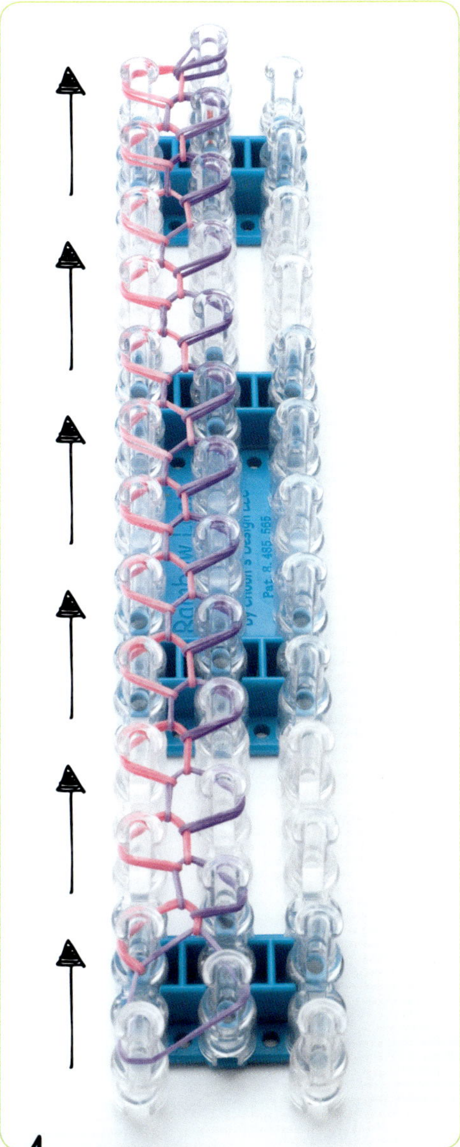

12 Auf diese Weise nach oben weiterarbeiten bis zur Oberkante des Rahmens. Denk dran: Vor dem Erfassen des nächsten Gummirings immer in die Rille einstechen. Links siehst du, wie dein Rahmen vor dem Abschluss des Bandes aussehen sollte. Halte dich daran: Das wird dir bald in Fleisch und Blut übergehen.

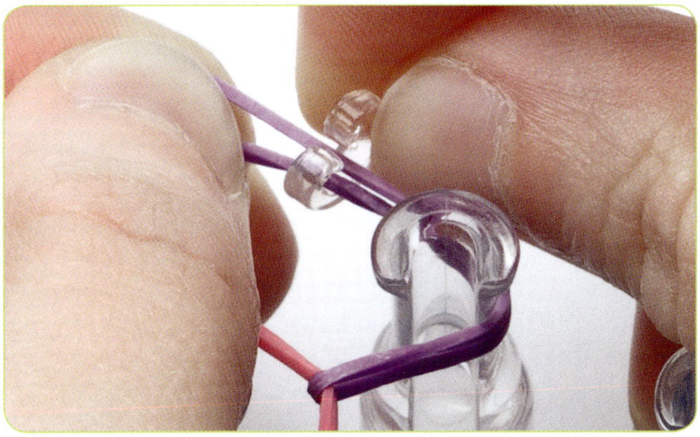

13 Mit einem Clip **beide Fäden des Gummirings** zusammenfassen, der über dem Stift in der oberen Mitte liegt (des letzten Gummirings, den du eingehängt hast). So kannst du das Band mit zwei Fingern straff halten.

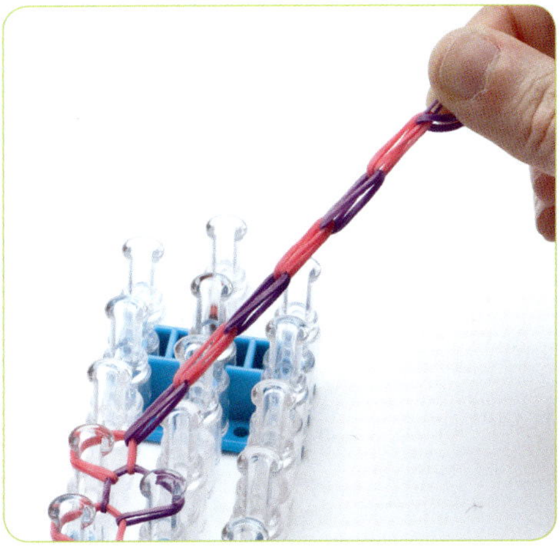

14 Den Clip mit Daumen und Zeigefinger festhalten und das Band Stift für Stift vom Rahmen abziehen. Zieh ruhig fest daran: Das Band reißt nicht!

15 Den Gummiring vom anderen Ende des Bandes in den Clip einhängen: Fertig ist dein erstes Armband!

KREATIV-TIPP

Farben über Farben

Schon bei deinem allerersten Armband kannst du kreativ mit Farben spielen. Die Reihenfolge der Farben bestimmt die Reihenfolge, in welcher du die Gummiringe auf dem Rahmen platzierst. Wenn du die Farben vertauschst, entsteht eine Variante des Armbands. Wenn du drei gleichfarbige Ringe auf einmal verwendest, bekommt dein Armband Streifen. Leg die 25 Gummiringe in dem Muster aus, das du gestalten willst.

KREATIV-TIPP

Abschluss mit kleiner Schlinge

Wenn dir die große Schlaufe des letzten Gummibändchens an deinem Armband nicht gefällt, kannst du das Band auch anders beenden. Das ist ein bisschen knifflig, lohnt aber die Mühe! Beginne das Armband auf deinem Rahmen, wie gewohnt, und arbeite nach Schritt 5 (Seite 9) weiter, wie hier gezeigt. (Hinweis: Dadurch wird das Armband ein wenig enger.)

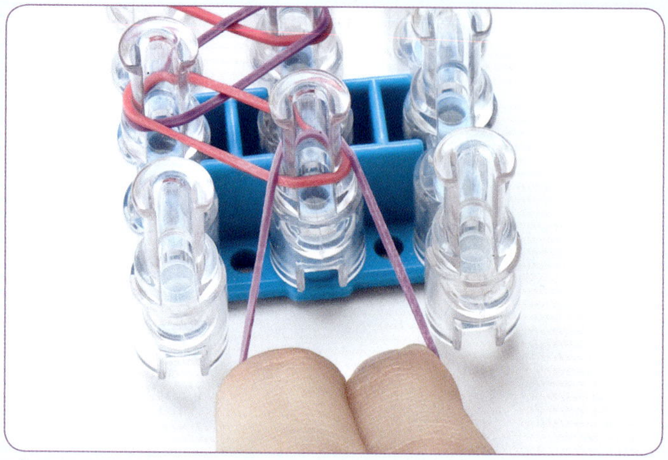

1 Den Rahmen so drehen, dass der Pfeil nach unten zeigt. Den Gummiring vom letzten Stift mit zwei Fingern abheben, aber auf dem vorletzten Stift liegenlassen.

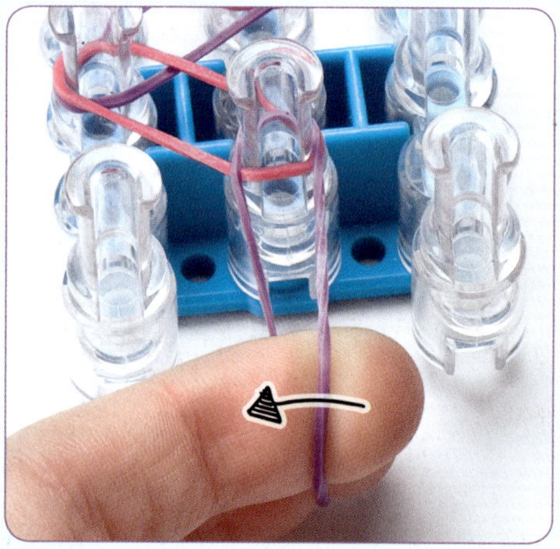

2 Die Finger so nach links drehen, dass die linke Seite des Gummirings nach unten und die rechte nach oben zeigt. Den Rahmen mit der freien Hand festhalten.

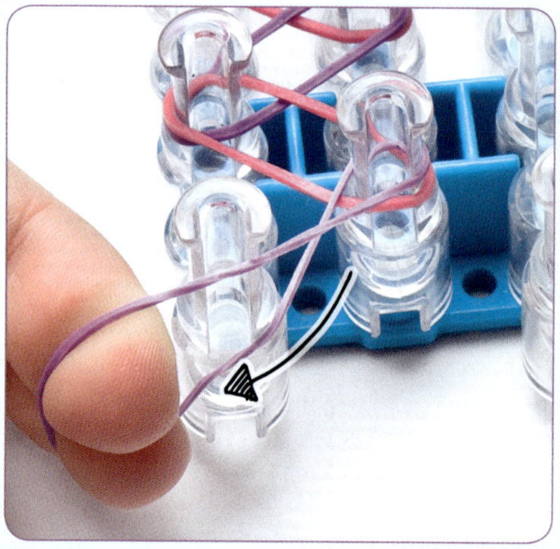

3 Beide Fäden des Gummirings rund um den linken unteren Stift legen ...

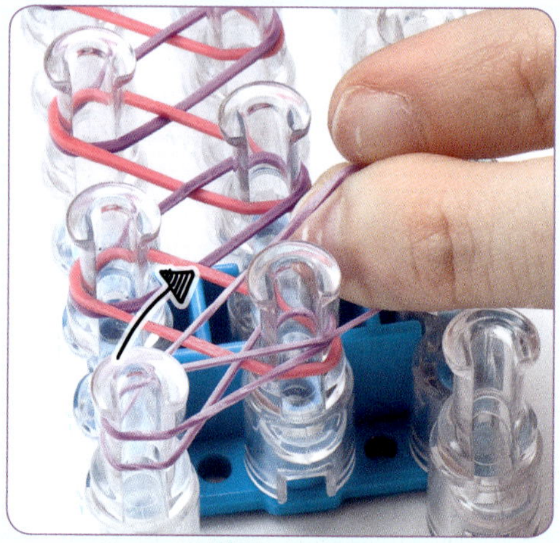

4 ... und den Gummiring über den Stift in der unteren Mitte hängen. Dabei einen Finger auf den linken unteren Stift drücken, damit der Gummiring nicht abrutscht.

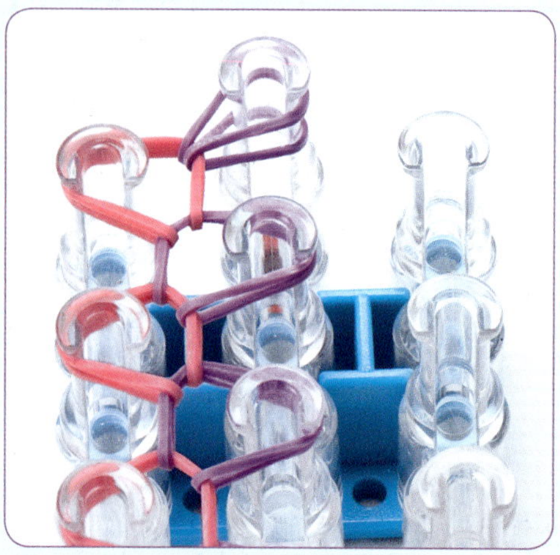

5 Weiterarbeiten, wie auf Seite 10/11 für Schritt 7–12 beschrieben. Achtung! Immer in die **Rille auf der Innenseite der Schlingen** auf dem letzten Stift einstechen, niemals die Gummiringe von der Außenseite erfassen!

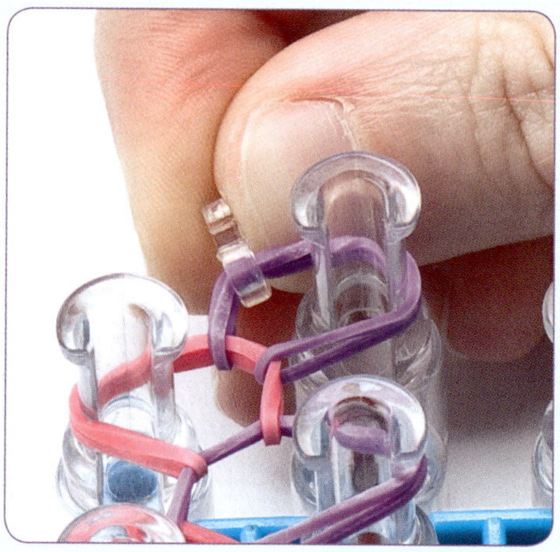

6 Beide Fäden des Gummirings in der oberen Mitte in einen Clip einhängen.

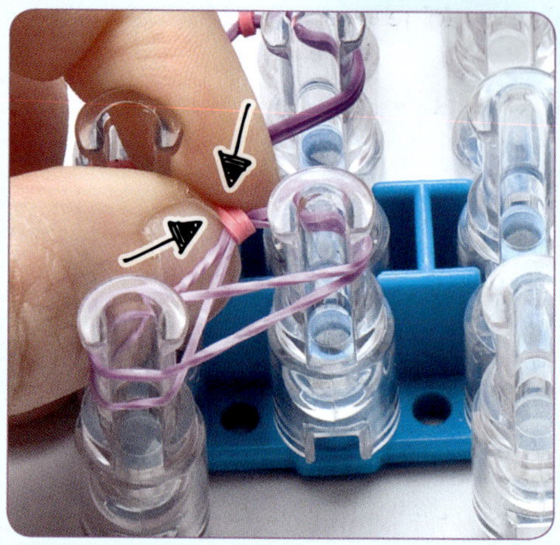

7 Die Gummibändchen zwischen dem zweituntersten linken Stift und dem Stift in der unteren Mitte zwischen Daumen und Zeigefinger festhalten (siehe Foto). Dann das gesamte Armband vom Rahmen nehmen, ohne diesen Griff zu lockern.

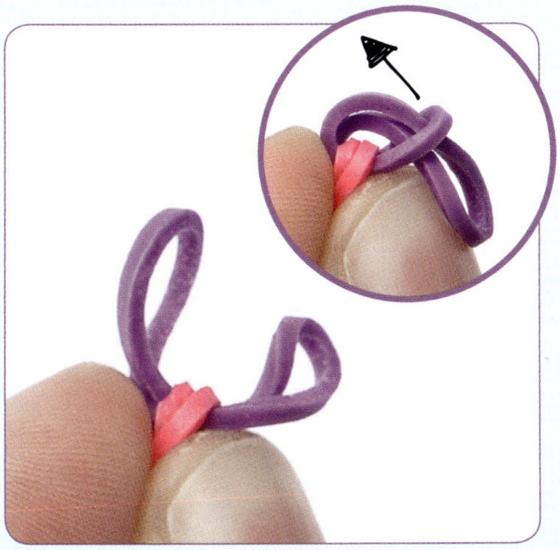

8 Die Gummibändchen weiter festhalten, dabei die große Schlinge, die durch die kleine Schlinge hindurchgesteckt ist, herausziehen, sodass du zwei freie Schlingen hast. Beide auf gleich Länge ziehen.

9 Beide Schlingen in den Clip vom oberen Ende des Bandes einhängen: Nun hast du einen symmetrischen Verschluss.

Knüpfen nach Anleitung

Nun hast du dein erstes Armband angefertigt. Schau dir mal die **Schemazeichnung** (siehe rechts) für dieses Basic-Band an, damit du Bänder nach den anderen Schemazeichnungen in diesem Buch knüpfen kannst. Für die meisten Projekte gibt es ein Schema **»Vorbereitung«**, nach welchem du die Gummiringe für dein Armband oder ein anderes Modell auf dem Rahmen verteilst. Anschließend folgst du der Schritt-für-Schritt-Anleitung zum **»Verknüpfen«**, um dein Modell fertigzustellen. Es ist ganz einfach!
Das Schema **»Vorbereitung«** zeigt, in welcher Reihenfolge du die Gummibändchen platzieren musst und wie der Rahmen aussieht, wenn alle Ringe aufgezogen sind. Jedes Schema zeigt eine bestimmte Farbkombination: Du kannst jederzeit andere Farben verwenden, darfst aber niemals von der Reihenfolge abweichen!

Vorbereitung

Schau dir das Schema **»Vorbereitung«** für dieses Basic-Band an. Wenn du der Schritt-für-Schritt-Anleitung auf Seite 9 gefolgt bist, hast du dieses Muster komplett durchgearbeitet. Mach probehalber ein weiteres Basic-Band anhand der Schemazeichnung, um zu sehen, ob du damit zurechtkommst.

13 x Violett, 12 x Pink

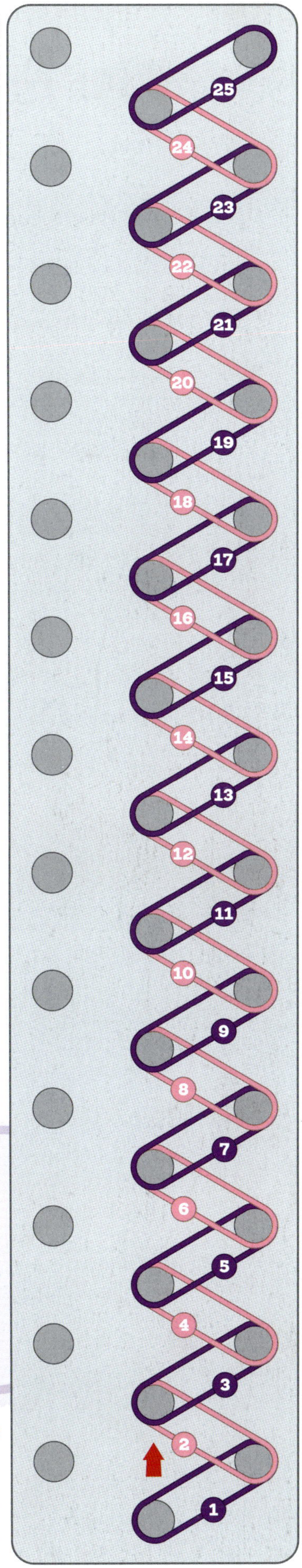

An diesem Ende beginnen

Basic-Band mit der Häkelnadel

Ein Basic-Band kannst du auch ohne Rahmen arbeiten, einzig und allein mit einer Häkelnadel. Nach dieser Methode kannst du das Basic-Band beliebig lang gestalten – 100 und mehr Glieder lang. Die Technik ist gefragt, wenn du pfiffige Accessoires wie den Hand- und Fußschmuck (Seite 44) oder den Hippie-Gürtel (Seite 46) anfertigen willst. Probier's einfach mal aus!

Das brauchst du

 9 neongrüne Gummiringe

 8 weiße Gummiringe

 8 pinkfarbene Gummiringe

 1 Clip

 1 Häkelnadel

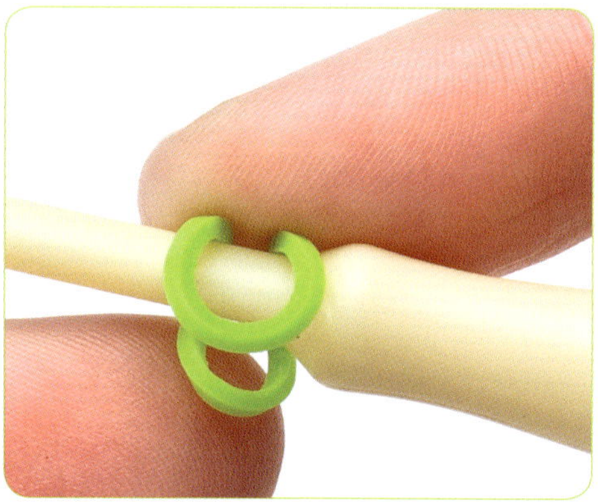

1 Zunächst einen Gummiring um die Häkelnadel legen, wie auf dem Foto gezeigt.

2 Die beiden Schlingen mit einem Clip verbinden, sodass der Gummiring um die Häkelnadel geschlossen ist.

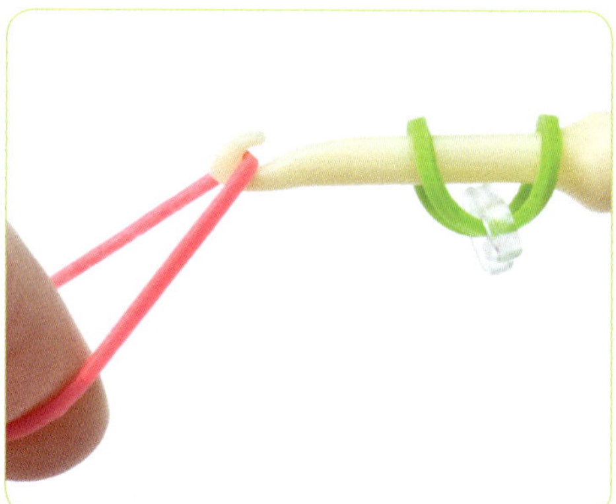

3 Den zweiten Gummiring auf die Spitze der Häkelnadel hängen und mit einem Finger leicht spannen.

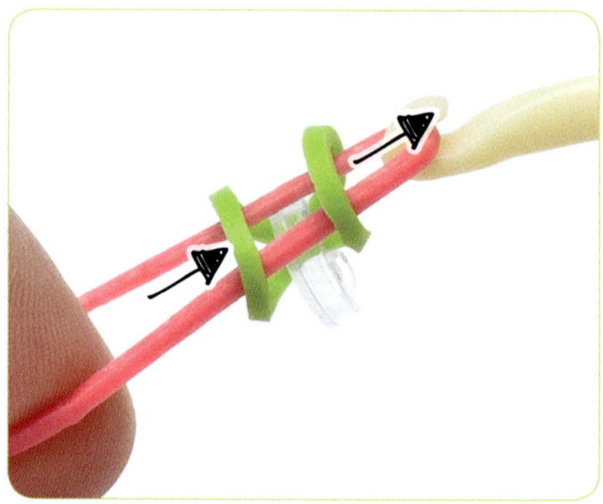

4 Die Häkelnadel mit dem einen Ende des Gummirings vorsichtig durch die Doppelschlinge ziehen, dabei das andere Ende weiter mit den Fingern festhalten. Das festgehaltene Ende nicht durch die Doppelschlinge ziehen.

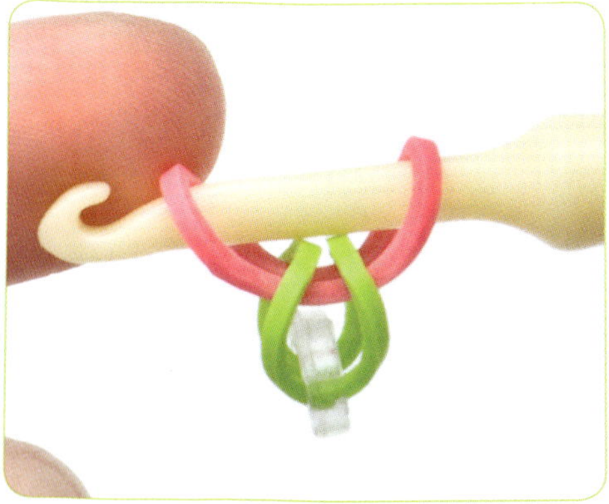

5 Den Teil des Gummirings, den du noch festhältst, ebenfalls auf die Häkelnadel hängen. Achtung! Der Gummiring darf nicht verdreht sein.

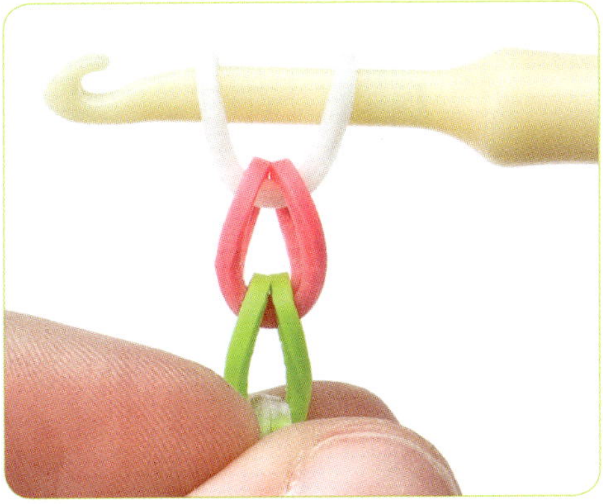

6 Schritt 3–5 wiederholen. Achte darauf, ein Ende des Gummirings ganz durch beide Schlingen des zweiten Gummirings zu ziehen.

7 Nun die Kappe eines Füllers, eine Batterie oder ein ähnliches kleines Objekt in die erste Schlinge schieben, die du mit dem Clip geschlossen hast. So wird der Bandanfang nach unten gezogen, und du kommst wesentlich schneller voran.

8 Die Schritte 3–5 noch einmal wiederholen, doch dieses Mal die Häkelnadel drehen, sodass der Haken nach unten zeigt, bevor du ihn durch den Gummiring auf der Häkelnadel ziehst. Wegen des Gewichts am unteren Ende des Bandes gleitet die Häkelnadel ganz leicht durch.

9 Dreh die Häkelnadel wieder zurück, bevor du das Ende des Gummirings auf die Häkelnadel hängst. Achte immer darauf, dass der Gummiring nicht verdreht ist, bevor du das zweite Ende auf die Häkelnadel hängst.

10 Nun hängst du ein Kettenglied nach dem anderen ein. Du kannst auf diese Weise beliebig viele Glieder arbeiten. Für ein Armband brauchst du nur ca. 25 Gummibändchen.

11 Um das Band zu beenden, das Gewicht (Füllerkappe, Batterie usw.) am Anfang des Armbands entfernen.

12 Beide Fäden des zuletzt angebrachten Gummirings von der Häkelnadel nehmen und über zwei Finger legen.

13 Die Gummifäden straff halten und beide in den Clip vom Anfang des Armbandes einhängen. Fertig! Jetzt hast du ein Basic-Band ohne Rahmen gearbeitet.

Tolle Tipps und Tricks

Verbindungsschlinge

Einige kompliziertere Armbänder in diesem Buch erfordern Verbindungsschlingen als Abschluss, weil an einem Ende des Armbandes mehrere Gummiringe gesichert werden müssen. Man kann nämlich nicht so einfach sechs oder acht Gummiringe in einen einzigen Clip stopfen. Hier siehst du, wie man diesen einfachen, aber festen Knoten arbeitet. Beim abgebildeten Beispiel wird ein Armband mit sage und schreibe sechs Gummibändchen am oberen Ende fertiggestellt, die alle verbunden werden müssen. Wenn du ein Armband arbeitest, für das eine Verbindungsschlinge notwendig ist, kannst du zu dieser Seite zurückblättern (z. B. beim Armband »Knüpfspaß^3«, Seite 22).

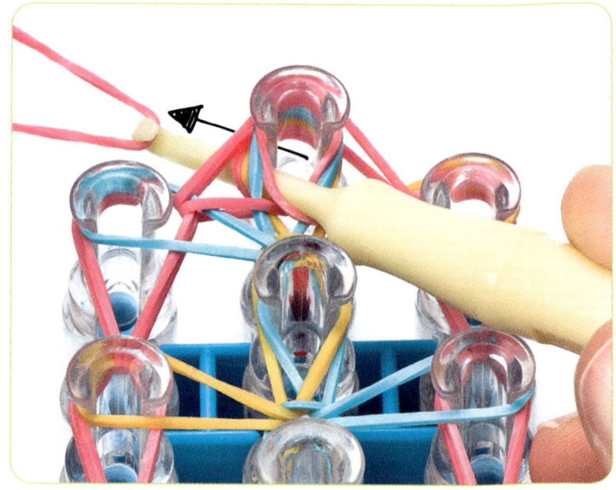

1 Die Häkelnadel in die Rille des letzten Stifts einstechen. Einen neuen Gummiring (als Abschlussring) am unteren Ende des Stifts auf die Häkelnadel nehmen (dort, wo die Häkelnadel herauskommt, siehe Foto). Das andere Ende des Gummirings fest um den Finger legen.

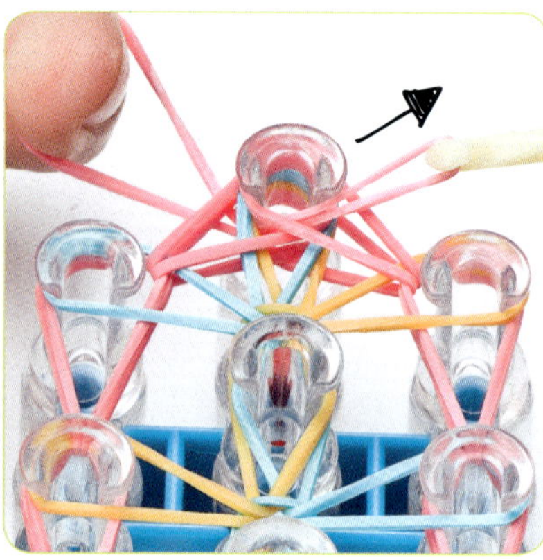

2 Das Ende auf der Häkelnadel durch die Rille des Stifts nach oben durchziehen, ohne dabei die anderen Gummifäden zu erfassen.

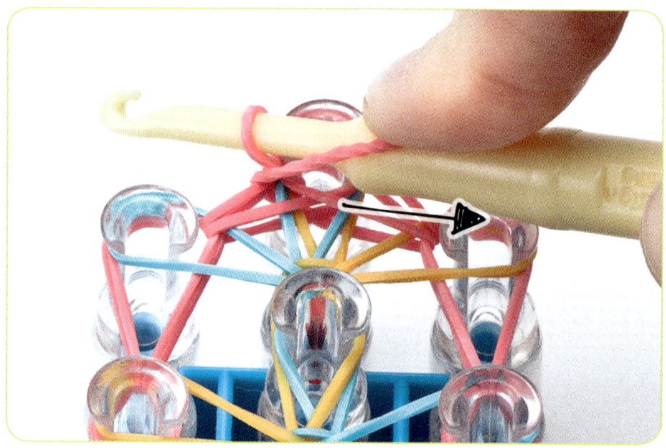

3 Die Gummiring-Schlinge vom Finger auf die Häkelnadel übertragen und hinter dem bereits darauf liegenden Gummifaden platzieren. Drück die Schlinge mit einem Finger auf die Häkelnadel, damit du sie nicht mit der anderen Schlinge durcheinanderbringst.

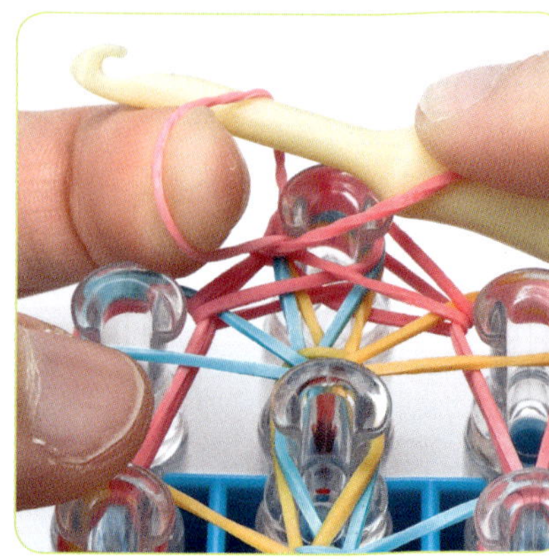

4 Die vordere Schlinge (diejenige, die näher am Häkchen der Häkelnadel liegt) erfassen und auf einen Finger gleiten lassen, ...

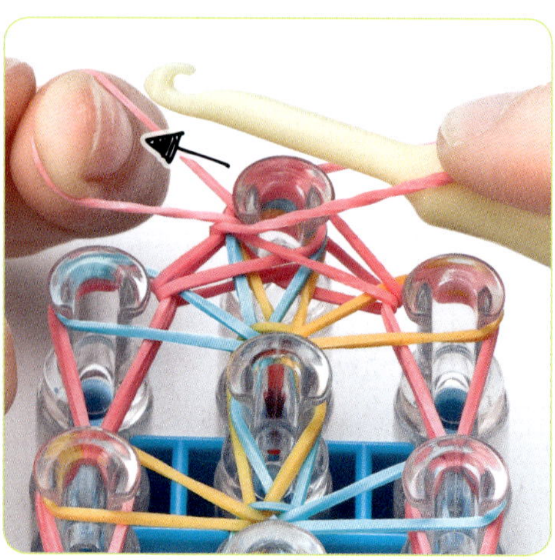

5 ... dann von der Häkelnadel ziehen und auf dem Finger lassen.

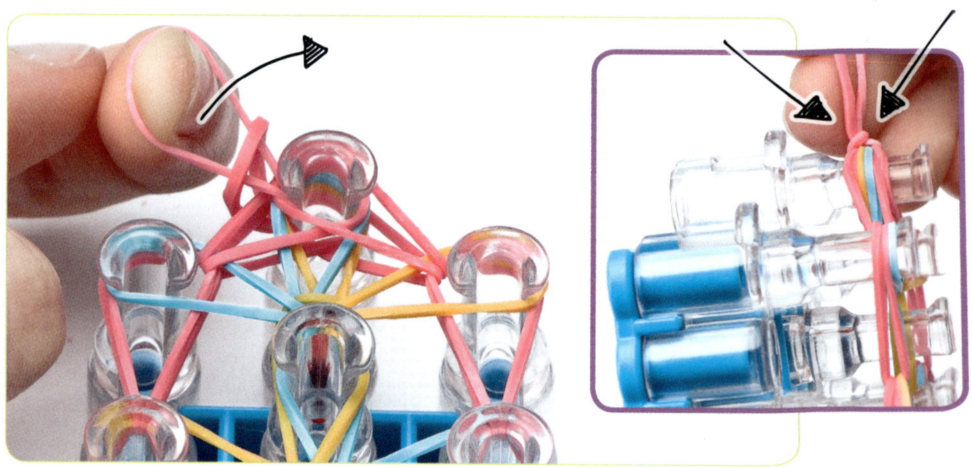

6 Nun die verbleibende Schlinge von der Häkelnadel gleiten lassen und die andere Schlinge mit dem Finger straffen, um den Knoten festzuziehen. Beim Festziehen den Knoten bis ans obere Ende des Stiftes schieben, damit er mittig sitzt.

Kettenglieder zum Verlängern anfügen

Manchmal dehnen sich Armbänder nicht genügend, um rund ums Handgelenk zu passen, weil beispielsweise verschiedene Bändchen zusammengefügt wurden. Wenn das Ganze zu kurz wird, hast du zwei Möglichkeiten: Du kannst das Armband entweder verlängern, indem du zwei Rahmen miteinander kombinierst (siehe unten), oder du kannst einfache Kettenglieder anfügen – die gleichen, aus denen das Basic-Band mit der Häkelnadel gearbeitet ist (siehe Seite 14/15). Weil die wenigsten von uns zwei Rahmen besitzen, ist das Verlängern durch Kettenglieder die Lösung – und supereinfach dazu. So geht's:

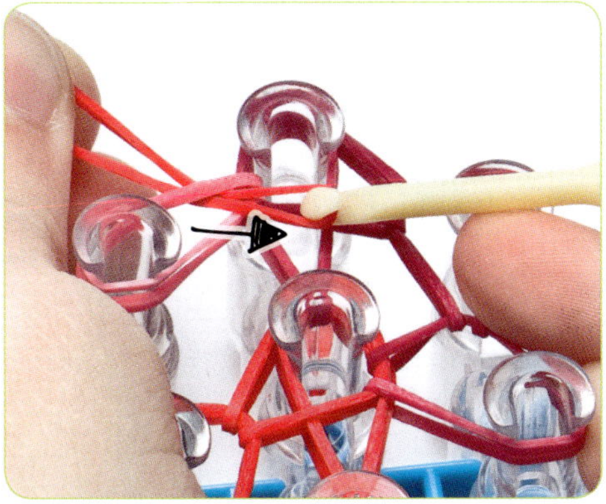

1 Du fängst an wie bei der Verbindungsschlinge, indem du einen Gummiring durch den letzten Stift oder die letzte Gruppe von Gummiringen ziehst (siehe »Verbindungsschlinge«, Seite 16, Schritt 1 und 2).

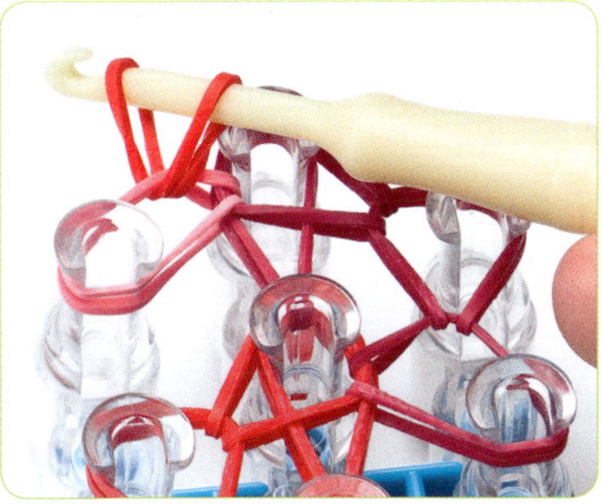

2 Die Schlaufe vom Finger auf die Häkelnadel legen, aber nicht mit der bereits auf der Nadel liegenden Schlinge verkreuzen, sondern vor der vorhandenen Schlinge platzieren (nicht dahinter, wie bei der Verbindungsschlinge).

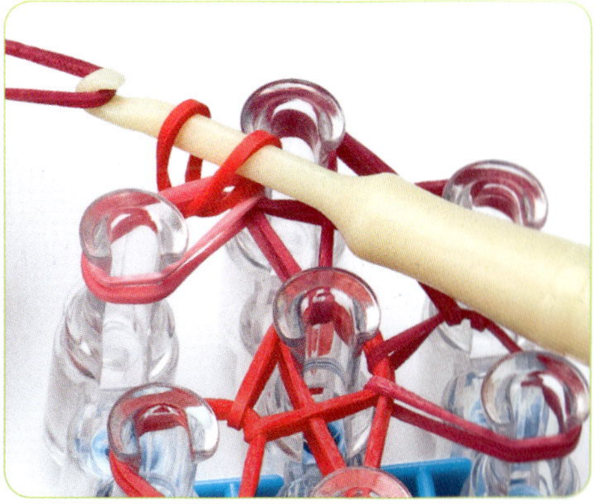

3 Nun Kettenglieder arbeiten wie beim Basic-Band mit der Häkelnadel (siehe Seite 14/15): Einen weiteren Gummiring mit der Häkelnadel erfassen, ...

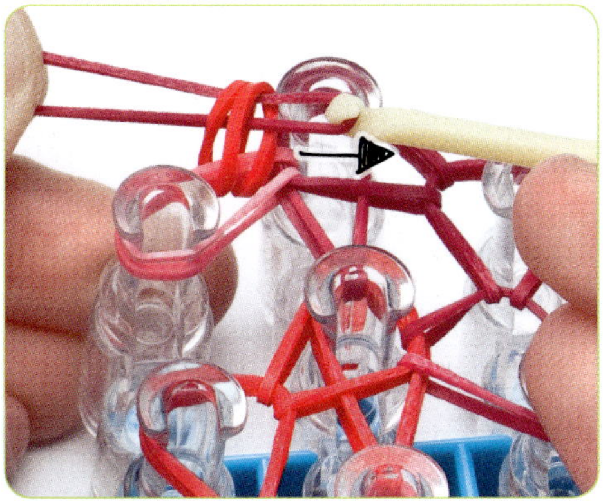

4 ... die Häkelnadel drehen und ein Ende durchziehen.

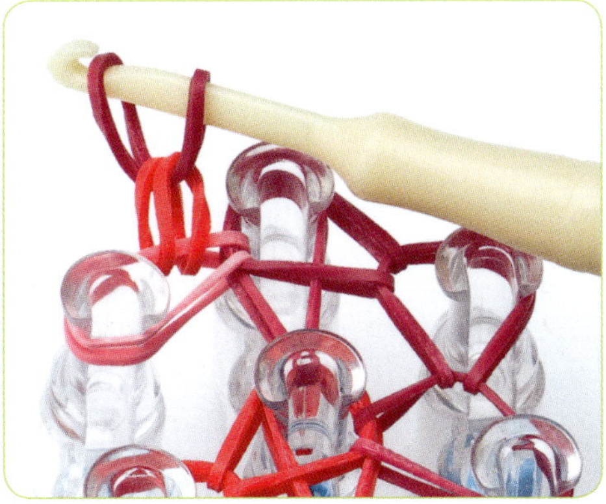

5 Das andere Ende auf die Häkelnadel legen.

6 Jetzt kannst du jedes Armband auf die gewünschte Länge bringen, egal, in welchem Muster es gearbeitet ist.

KREATIV-TIPP

Rahmen verbinden

Wenn du eine lange Halskette, ein großes Armband oder irgendein anderes längeres Schmuckstück aus deinen Gummiringen arbeiten willst, kannst du einen weiteren Rahmen kaufen und beide miteinander verbinden. Auf diese Weise kannst du die Länge deiner Accessoires verdoppeln.

Basic-Band mit Perlen

Bunte Perlen peppen dein Armband so richtig auf! Hier lernst du, wie du die Perlen in ein beliebiges anderes Muster einarbeitest. Du kannst so viele oder so wenige Perlen hinzufügen, wie du möchtest. Probier's einfach aus!
Die Perlen für deinen Schmuck aus Gummiringen müssen ein ziemlich großes Loch haben, damit du die Gummiringe durchziehen kannst. Am besten eignen sich große Kunststoffperlen, die z. B. als »Pony Beads« angeboten werden.

Regenbogenperlen

Das perlt richtig! (1 Perle zu jedem Gummiring bis auf den letzten)

Sag mir deinen Namen!

Das brauchst du

17 weiße Gummiringe

1 Clip

8 Kunststoffperlen mit großem Loch (»Pony Beads«)

Diese Grafik zeigt den Rainbow Loom®, aber es macht nichts, wenn du einen anderen Rahmen hast: Geh genau nach Anleitung und Schemazeichnung vor, dann gelingt dein Band perfekt. Möglicherweise bleiben ein paar Stifte ungenutzt.

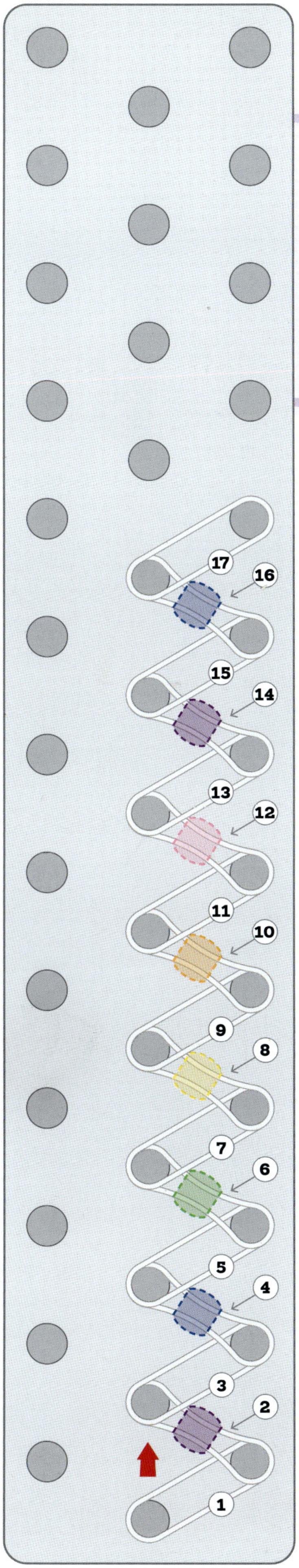

An diesem Ende beginnen

Vorbereitung

Die Gummiringe wie beim Basic-Band auf dem Rahmen platzieren (siehe Seite 9), jedoch auf jeden zweiten Gummiring vor dem Aufziehen auf den Rahmen eine Perle auffädeln. Auf den ersten und letzten Gummiring keine Perle auffädeln. Wenn du ein Wort mit Buchstabenperlen auf jedem zweiten Gummiring (also auf dem 2., 4., 6. usw.) schreiben willst, musst du die Perlen über Kopf einarbeiten, sodass die Buchstaben nach rechts oben statt nach links unten zeigen, sonst steht das Wort am Ende in Spiegelschrift da.

Verknüpfen

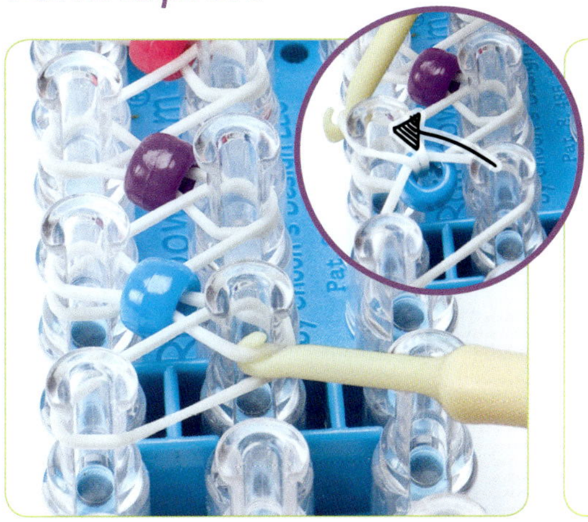

1 Den Rahmen so drehen, dass der Pfeil nach unten zeigt, dann die Gummiringe wie beim Basic-Band verknüpfen. Beginne mit dem letzten Gummiring mit Perle darauf und **erfasse ihn von der Innenseite** des letzten weißen Gummirings, den du platziert hast.

2 Den nächsten Gummiring verknüpfen. Achte darauf, die Häkelnadel in die Rille und innerhalb beider Schlingen aus dem Gummiring mit Perle einzustechen, den du gerade verknüpft hast. Wenn dir dabei die Perle in die Quere kommt, drück sie mit den Fingern nach unten, damit du siehst, was du gerade tust.

3 Schau dir den Rahmen auch mal von der Seite an um sicherzugehen, dass du den richtigen Gummiring erwischt hast.

4 Alle übrigen Gummiringe genauso verknüpfen. Am oberen Ende den Clip anbringen und das Armband vom Rahmen nehmen.

Fischgrät-Armband

Dieses kinderleichte Armband entsteht auf zwei Stiften mit einem simplen Muster, sieht aber absolut cool aus. Probier unterschiedlich breite Streifen aus, indem du zwei, drei oder mehr Gummiringe derselben Farbe in einer Reihe verwendest. Wenn du Perlen einarbeiten willst wie beim Band »Perlenfischer«, musst du nur eine Perle auffädeln, bevor du einen Gummiring auf den Rahmen spannst. Lass zwischen den Gliedern mit Perle immer vier oder fünf Gummiringe frei.

Zuckerwatte Hummelflug Perlenfischer

Das brauchst du

- 18 pinkfarbene Gummiringe
- 15 türkisfarbene Gummiringe
- 15 weiße Gummiringe
- 2 zusätzliche Gummiringe (in beliebiger Farbe)
- 1 Clip

1 Einen Gummiring in Form einer Acht um zwei nebeneinanderliegende Stifte spannen. Die Rillen der Stifte müssen ebenso wie der Pfeil des Rahmens nach rechts zeigen.

2 Weitere zwei Gummiringe einzeln nacheinander um dieselben Stifte spannen, ohne die Gummis zu Achten zu verdrehen.

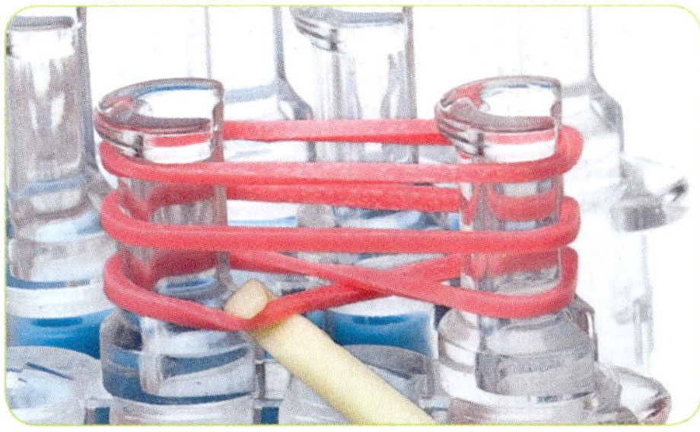

3 Den untersten Gummiring links von der Verkreuzung mit der Häkelnadel erfassen ...

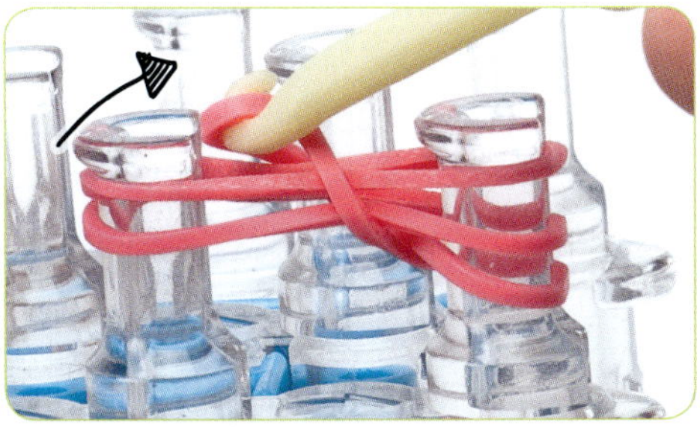

4 ... und über den Stift heben, über den er gespannt war, sodass er sich zur Mitte bewegt.

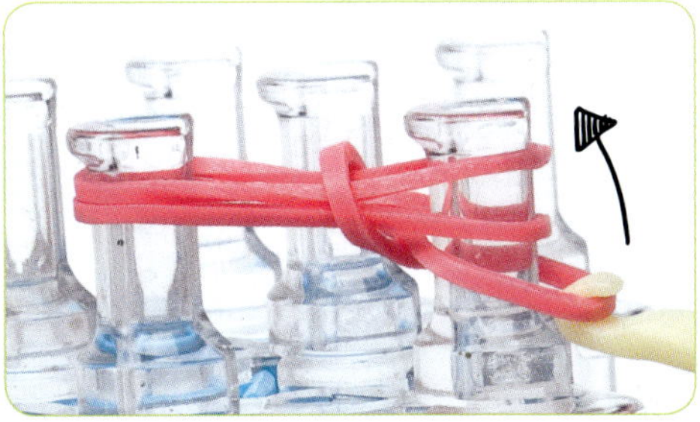

5 Die rechte Hälfte desselben Gummirings genauso erfassen und über den Stift zur Mitte heben.

6 Nun schließt der unterste Gummiring die beiden anderen ein.

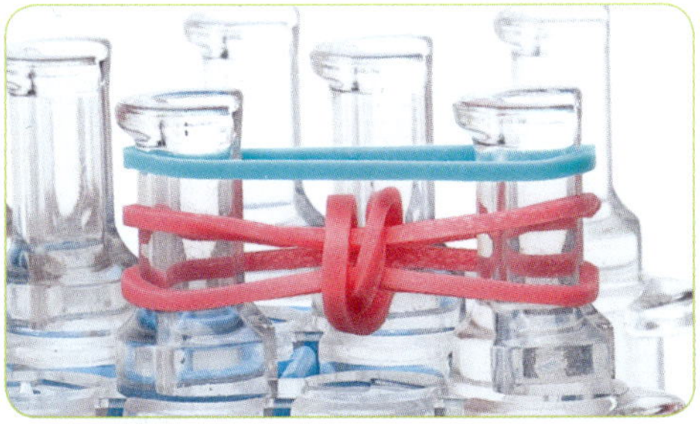

7 Einen weiteren Gummiring über die beiden Stifte spannen, ohne ihn zu verdrehen.

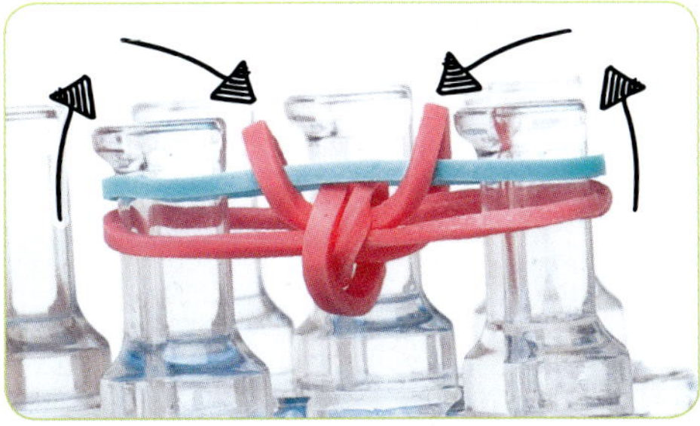

8 Den jetzt untersten Gummiring wie den allerersten erst links, dann rechts zur Mitte hin abheben.

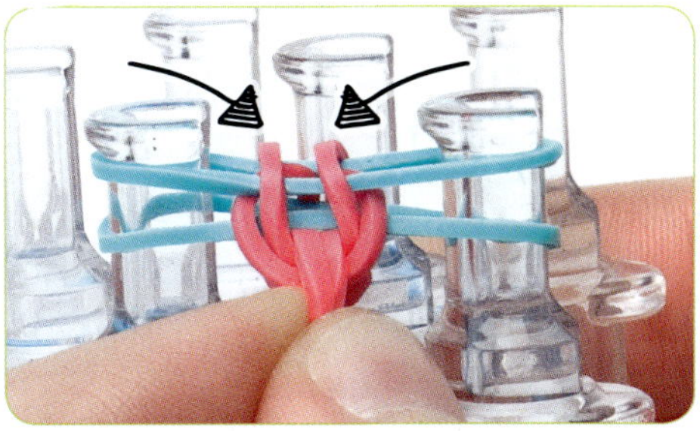

9 Einen weiteren Gummiring spannen und den jetzt untersten Gummiring abheben. Auf diese Weise weiterarbeiten, bis alle Gummiringe verbraucht sind oder die gewünschte Bandlänge erreicht ist. Dabei immer wieder am unteren Ende des Bandes ziehen.

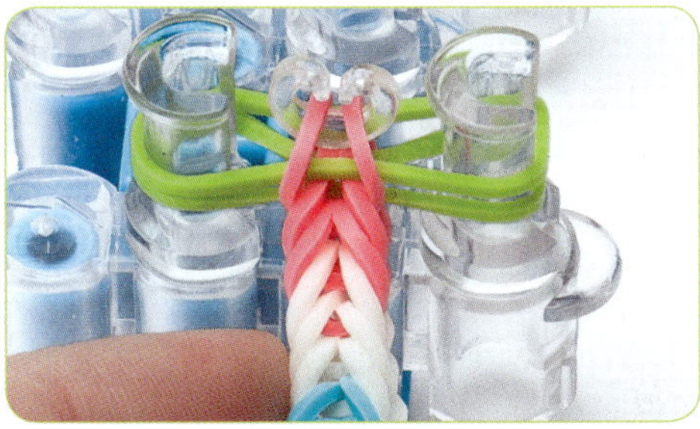

10 Vergiss nicht, zuletzt die beiden zusätzlichen Gummiringe einzuarbeiten. Dann den Clip in den zuletzt abgehobenen Gummiring einhängen. Achtung! Beide Schlaufen des Gummirings müssen erfasst werden.

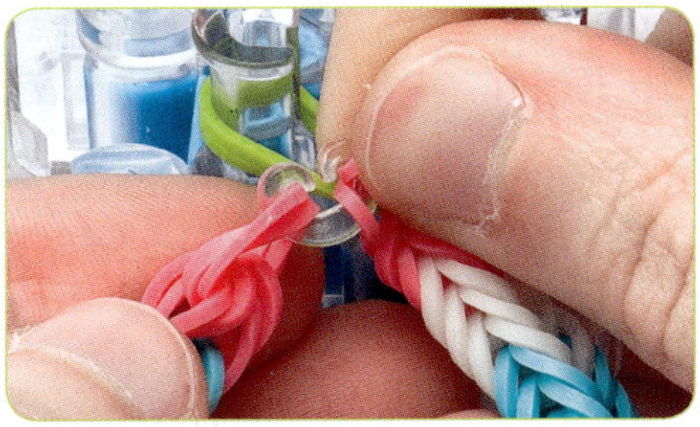

11 Beide Schlaufen vom unteren Ende des Armbandes ebenfalls in den Clip einhängen.

12 Das Armband von den Stiften abnehmen und die beiden letzten, losen Gummiringe herausziehen.

Armband »Knüpfspaß³«

Dieses Armband lässt sich leicht in Zickzackreihen arbeiten. Du kannst es aber auch variieren, indem du für die waagerechten Grundstreifen verschiedene Farben und für die senkrechten Streifen eine einzige Farbe verwendest oder umgekehrt. Das Armband legt sich so flach und ordentlich um das Handgelenk, dass du keine Sorge haben musst, es könnte sich verdrehen.

Coole Blockstreifen

Regenbogen hinter Wolken

Auf Zack!

Das brauchst du

- **12** türkisfarbene Gummiringe
- **12** neongrüne Gummiringe
- **12** violette Gummiringe
- **12** weiße Gummiringe (Basisringe)
- **1** weißer Gummiring als Abschluss
- **1** Clip

Diese Grafik zeigt den Rainbow Loom®, aber es macht nichts, wenn du einen anderen Rahmen benutzt: Geh genau nach Anleitung und Schemazeichnung vor, dann gelingt dein Band perfekt. Möglicherweise bleiben ein paar Stifte ungenutzt.

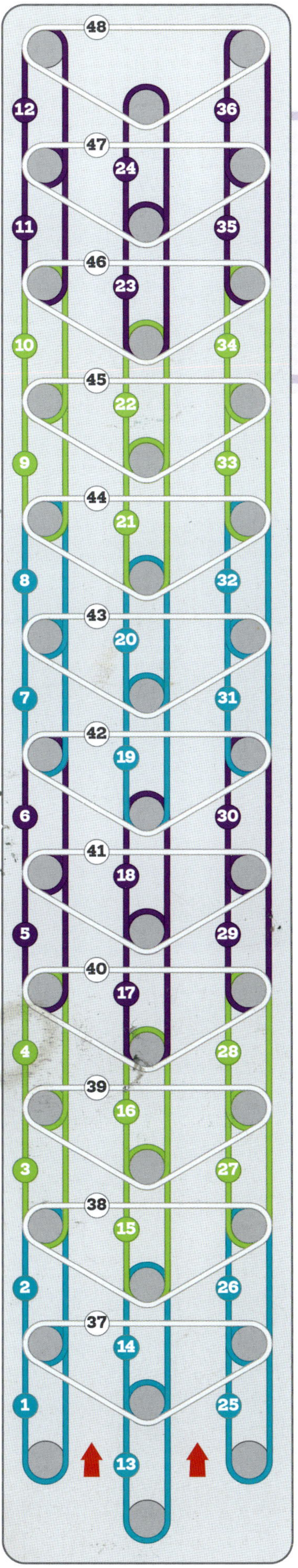

An diesem Ende beginnen

Vorbereitung

Gummiringe auf alle drei senkrechten Stiftreihen spannen, eine Reihe nach der anderen. Dann die »Basisringe« (in unserem Beispiel die weißen Gummiringe) um jede Dreiergruppe von Stiften spannen (siehe Schema), sodass sie Dreiecke bilden. Achtung! Die unterste Dreiergruppe bleibt frei.

Verknüpfen

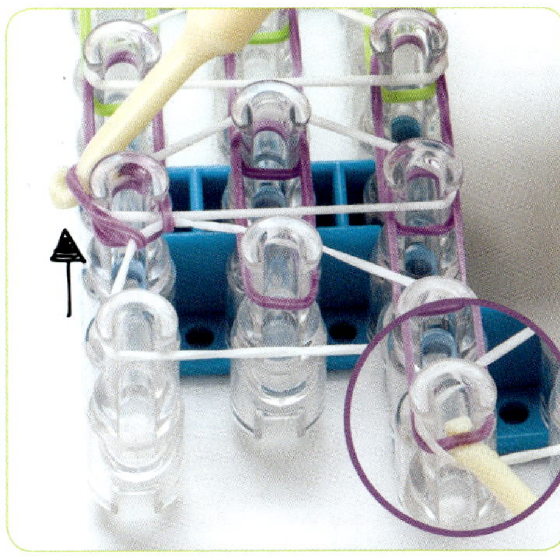

1 Den Rahmen so drehen, dass der Pfeil nach unten zeigt. Als Erstes den farbigen Gummiring links unten mit der Häkelnadel erfassen und **durch den weißen Gummiring hindurch** auf den Stift direkt darüber heben. Achte darauf, ihn durch den weißen Ring hindurch zu ziehen, wie abgebildet (kleines Foto).

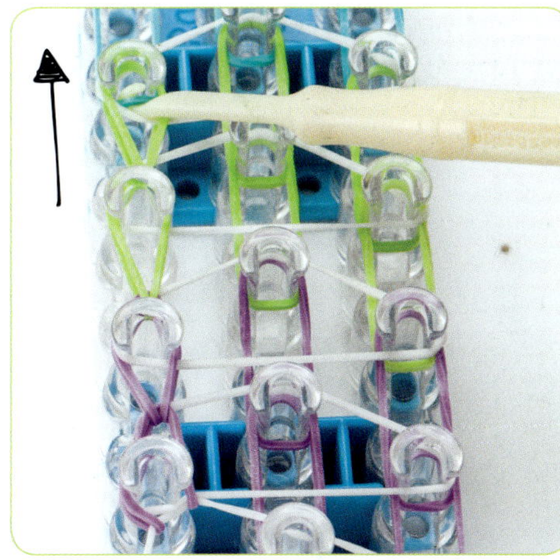

2 Auf diese Weise alle Gummiringe der linken senkrechten Stiftreihe verknüpfen, wie in Schritt 1 beschrieben. Achte darauf, jeden Gummiring innerhalb des jeweiligen weißen Rings zu erfassen, **nicht von der Außenseite** der weißen Ringe her.

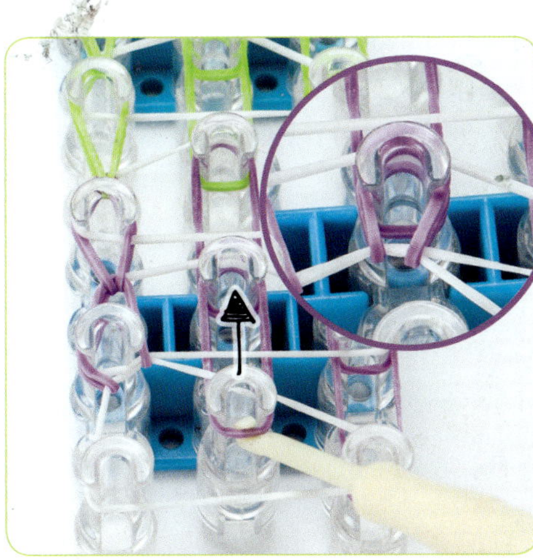

3 Anschließend mit dem untersten Gummiring der mittleren senkrechten Stiftreihe beginnen und die Gummiringe dieser Reihe genauso verknüpfen.

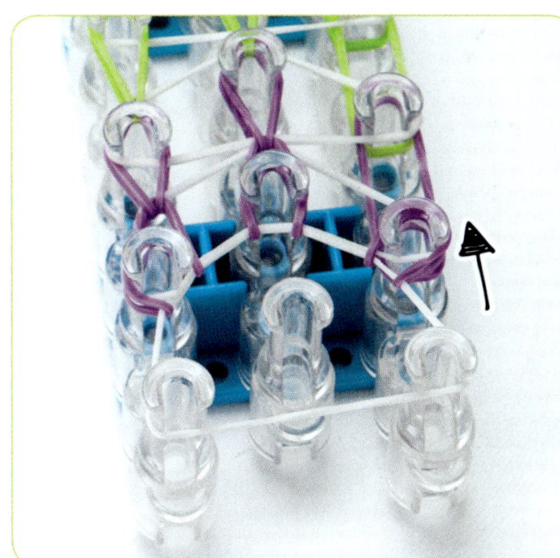

4 Die Gummiringe der rechten senkrechten Stiftreihe ebenso verknüpfen. Wie gesagt: Die farbigen Ringe immer **durch die weißen Ringe hindurch** erfassen.

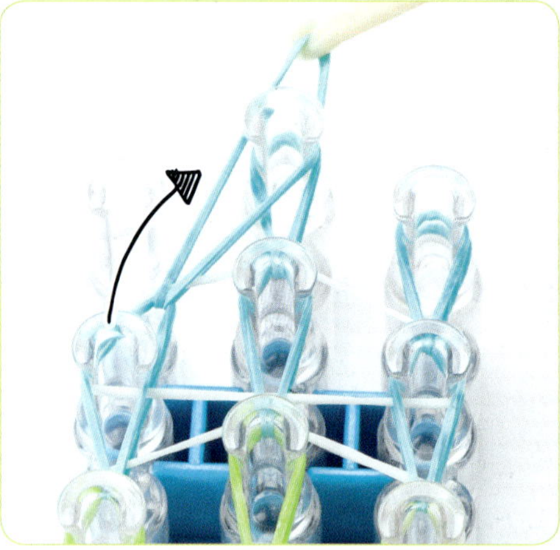

5 Am oberen Ende des Rahmens die beiden Gummiring-Schlaufen vom linken oberen Stift abheben und über den obersten Stift in der Mitte ziehen.

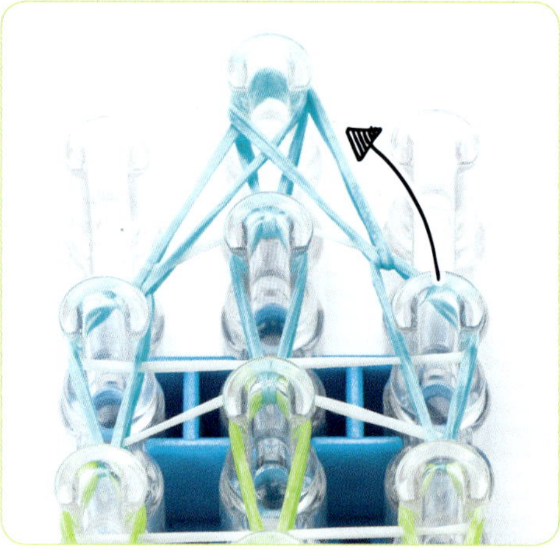

6 Mit den Gummiringen auf dem rechten oberen Stift genauso verfahren: Beide Schlaufen vom rechten oberen Stift abheben und über den obersten Stift in der Mitte ziehen. Nun liegen sechs Gummischlaufen auf dem Stift in der oberen Mitte.

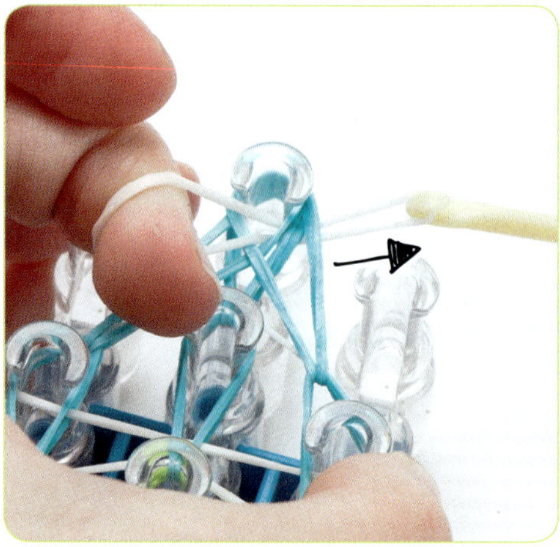

7 Eine Verbindungsschlinge arbeiten (siehe Seite 16) und damit alle Gummiringe auf dem obersten Stift in der Mitte zusammenfassen.

8 Jetzt kannst du dein Armband vom Rahmen abnehmen.

9 Beide Bandenden in einen Clip einhängen. Knüpfspaß hoch drei – oder etwa nicht?

KREATIV-TIPP

Clips und Biegeringe

Die speziell für Schmuck aus Gummiringen entwickelten Kunststoffclips funktionieren im Allgemeinen ausgezeichnet. Wenn deine Armbänder aber nicht gut zusammenhalten oder du sicher sein willst, dass sie ewig halten, kannst du stattdessen auch Biegeringe aus deinem Bastelgeschäft verwenden. Sie sind nicht ganz so leicht zu verarbeiten – wahrscheinlich brauchst du eine kleine Zange, um sie zu öffnen und wieder zu schließen –, aber dafür sind sie eine supersichere Alternative. So hast du garantiert Tag für Tag Spaß an deinen Kreationen!

An diesem Ende beginnen

37 x Weiß (einschließlich Abschluss-Ring), 1 x Neon-Orange, 1 x Gelb, 1 x Rot, 1 x Fuchsia, 1 x Pink, 1 x Violett, 1 x Türkis, 1 x Azurblau, 1 x Marineblau, 1 x Dunkelgrün, 1 x Lindgrün, 1 x Neon-Grün

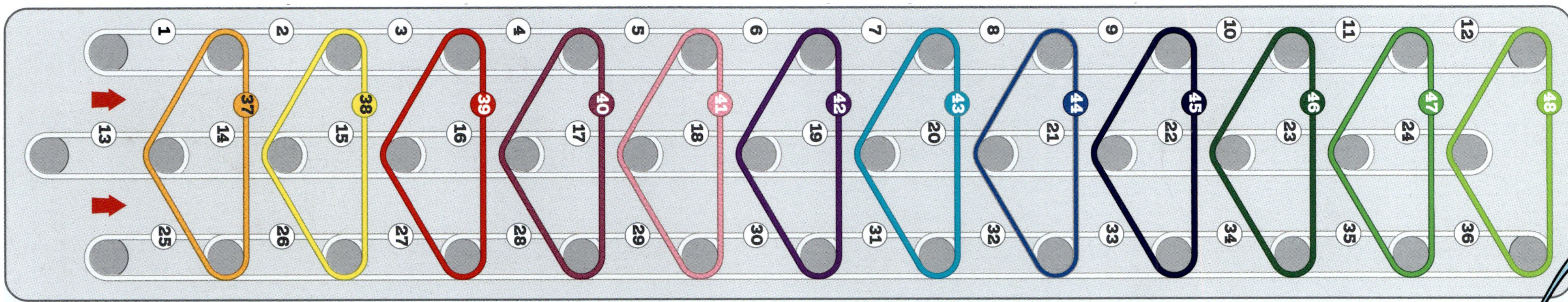

Regenbogen hinter Wolken: Dieses Armband birgt eine Überraschung! Nur wer genau hinschaut, entdeckt einen Regenbogen. Dieses Muster ist überhaupt nicht schwierig. Weiß und Schwarz sind fantastische Kontrastfarben, durch die der Regenbogen hindurchblitzen kann.

An diesem Ende beginnen

18 x Türkis, 18 x Orange, 13 x Schwarz (einschließlich Abschluss-Ring)

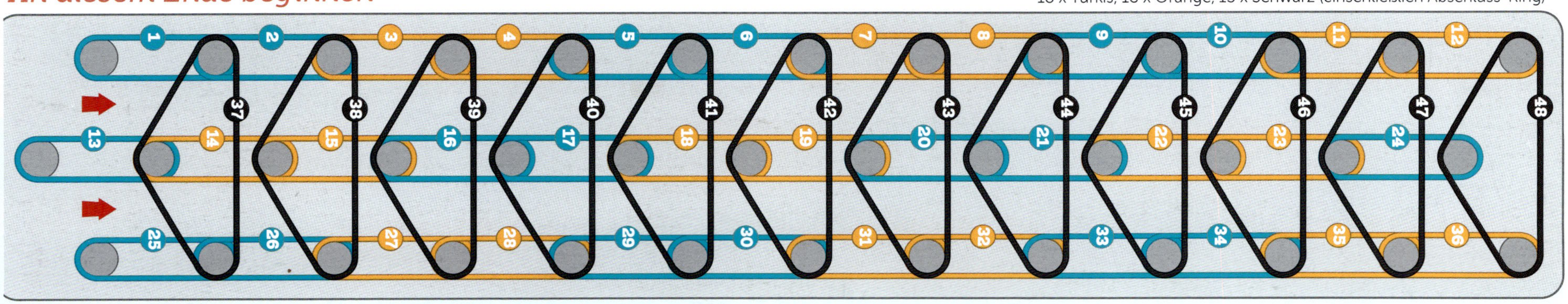

Auf Zack: Wenn Streifen nicht dein Ding sind, probier doch mal dieses Muster aus! Du wechselst die Farben in den senkrechten Reihen nach jedem zweiten Gummiring (in der unteren Mitte 1 x schon nach dem ersten). Das Ergebnis ist ein tolles Zickzackmuster, das ein ohnehin schon trendiges Accessoire zusätzlich aufpeppt.

Armband »Hin & zurück«

Ist dieses mehrfarbige Band nicht witzig? Spring beliebig zwischen den Farben hin und her! Kombiniere nach Lust und Laune! Das Verknüpfen ist bei diesem Armband ein bisschen knifflig, aber mit ein wenig Geschick gelingt dir das coolste Armband der Welt ganz bestimmt.

Rosenblüten

Grasgrün & Himmelblau

Für Fans

Das brauchst du

- 17 pinkfarbene Gummiringe
- 17 fuchsiafarbene Gummiringe
- 16 rote Gummiringe
- 1 Clip

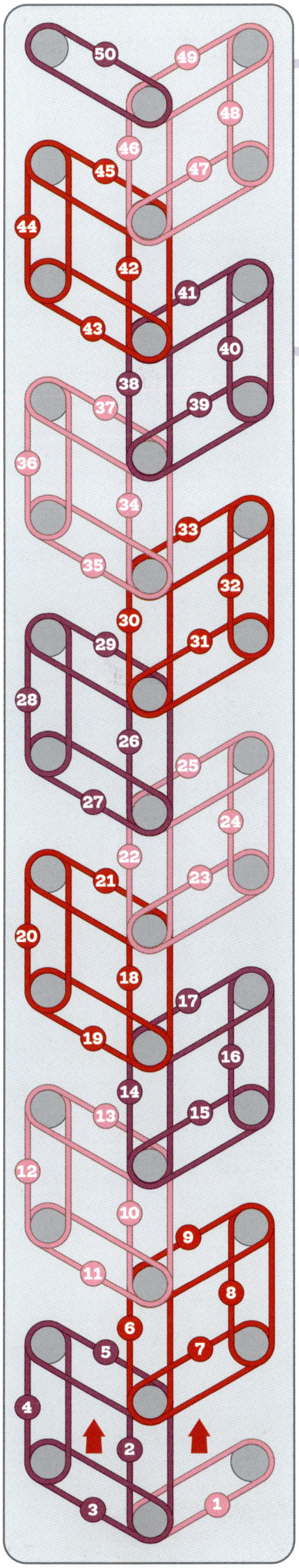

An diesem Ende beginnen

Diese Grafik zeigt den Rainbow Loom®, aber es macht nichts, wenn du einen anderen Rahmen benutzt: Geh genau nach Anleitung und Schemazeichnung vor, dann gelingt dein Band perfekt. Möglicherweise bleiben ein paar Stifte ungenutzt.

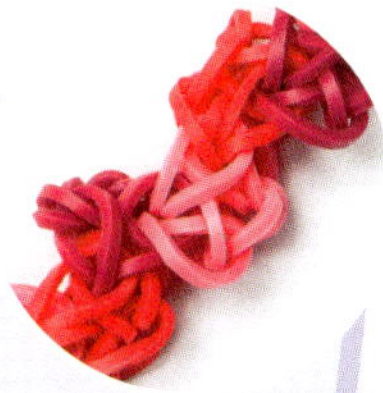

Vorbereitung

Als Erstes einen Anfangs-Gummiring am rechten unteren Ende des Rahmens anbringen. Dann eine Gruppe aus vier Gummiringen einer Farbe in der angegebenen Reihenfolge spannen (siehe Schema, Gummiringe 2–5). Anschließend eine weitere Vierergruppe in einer anderen Farbe auf der anderen Seite spannen (Gummiringe 6–9). Wieder auf der ersten Seite eine dritte Vierergruppe in der dritten Farbe spannen. Auf diese Weise weitere Gummiring-Gruppen in Rhombenform anordnen bis zum oberen Ende des Rahmens. Mit einem Abschluss-Gummibändchen (50) enden.

Vor dem Verknüpfen …

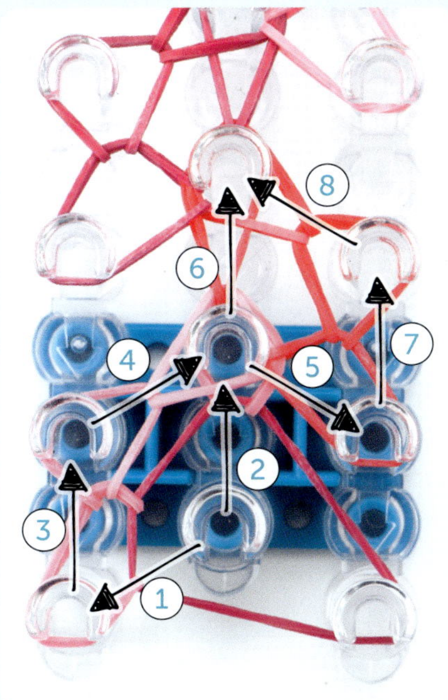

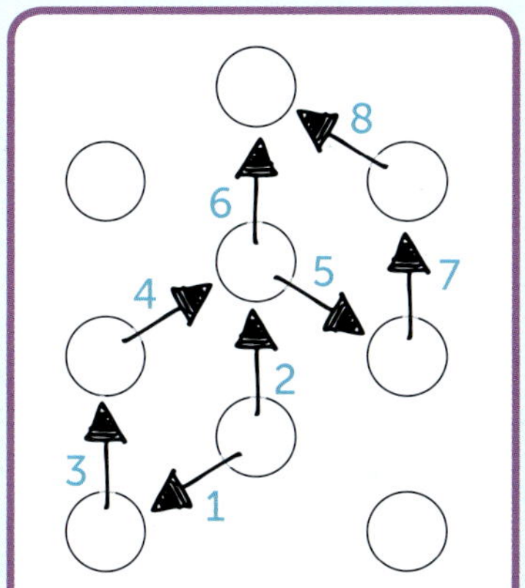

Verknüpfungsschema

Dieses Armband zu knüpfen ist einfach, wenn man das Prinzip verstanden hat: Verknüpft werden jeweils Rhomben aus vier Gummiringen, einmal auf der linken und einmal auf der rechten Seite, sodass eine Musterwiederholung acht Knüpfschritte umfasst. Schau dir diese Schemazeichnung an und dann fang bei Schritt 1 zu knüpfen an!

Verknüpfen

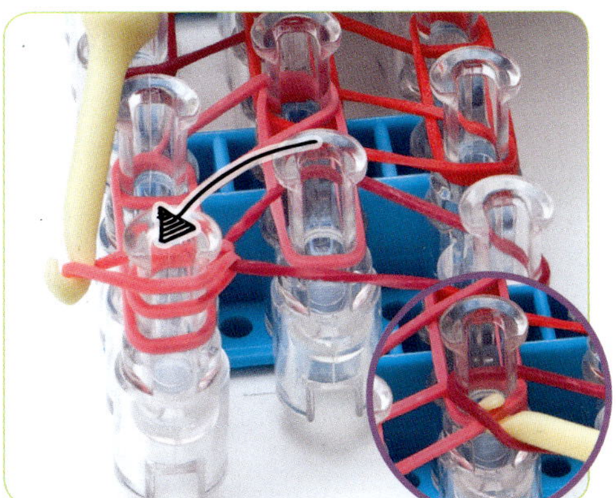

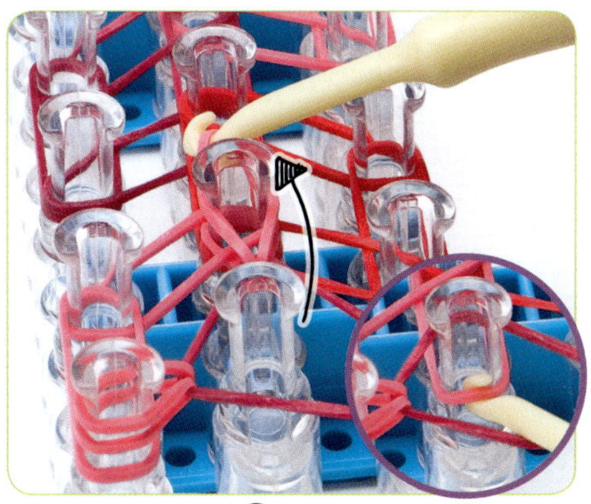

1 Den Rahmen so drehen, dass der Pfeil nach unten zeigt. **Knüpfschritt** (1): Den oberen pinkfarbenen Gummiring vom mittleren Stift abheben und über den linken unteren Stift ziehen, also über den Stift, von dem der Ring ausgeht.

2 Knüpfschritt (2): Den verbleibenden pinkfarbenen Gummiring auf demselben Stift, von dem du gerade ausgegangen bist, mit der Häkelnadel aufnehmen und über den Stift direkt darüber ziehen (ebenfalls der Ausgangsstift).

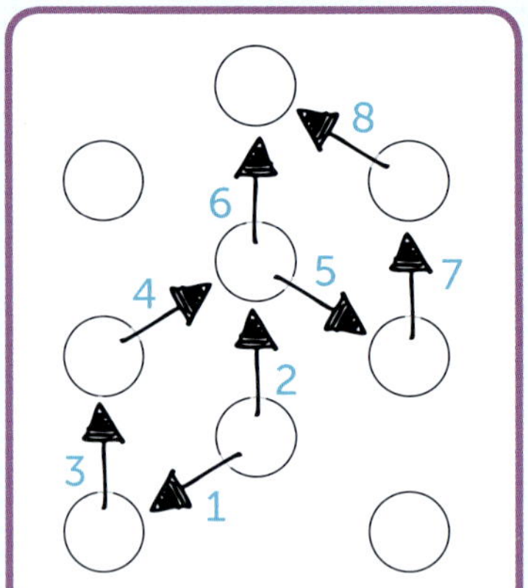

Verknüpfungsschema

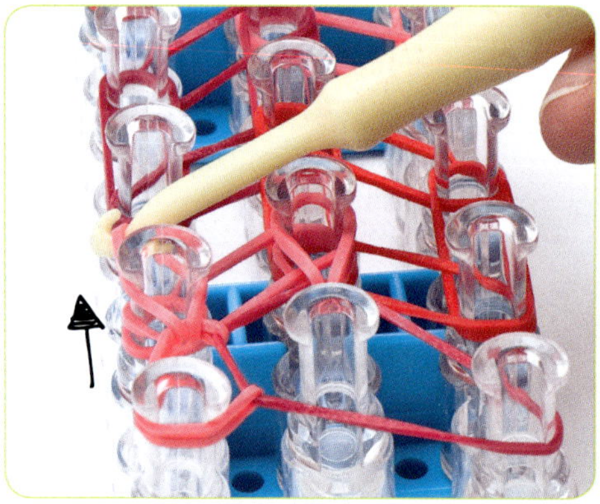

3 Knüpfschritt (3): Den unteren pinkfarbenen Gummiring vom linken unteren Stift abheben und über den Stift direkt darüber ziehen. Achtung: Die Häkelnadel zum Erfassen der Gummis immer in die Rille des jeweiligen Stifts einstechen!

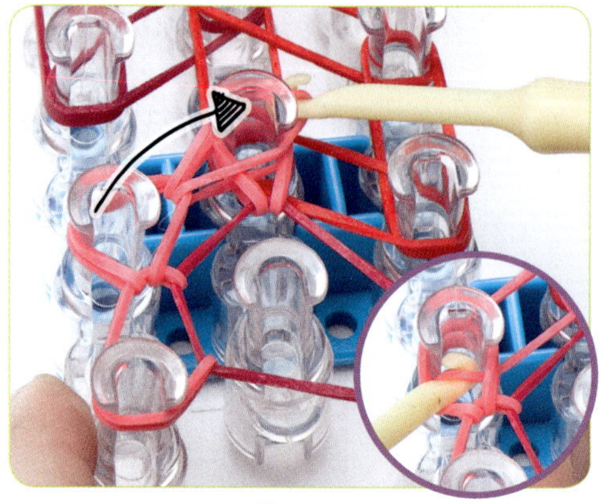

4 Knüpfschritt (4): Den unteren pinkfarbenen Gummiring von dem Stift abheben, bei dem du gerade gelandet bist, und über den Stift schräg rechts darüber ziehen. Damit ist ein Farb-Viereck beendet.

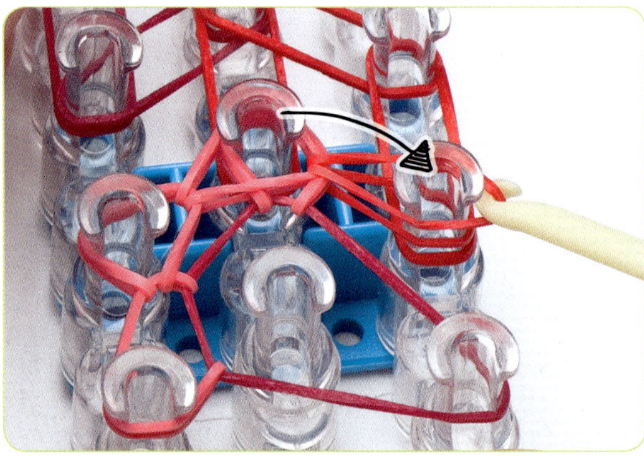

5 Knüpfschritt (5): Nun geht es mit dem zweiten Farb-Viereck weiter. Zuerst den oberen roten Gummiring vom letzten Stift, den du belegt hast, abheben und über den Stift rechts darunter ziehen (also den Stift, von dem dieser Ring ausgeht). Nicht vergessen: Die Häkelnadel in die Rille einstechen, um den Gummiring zu erfassen!

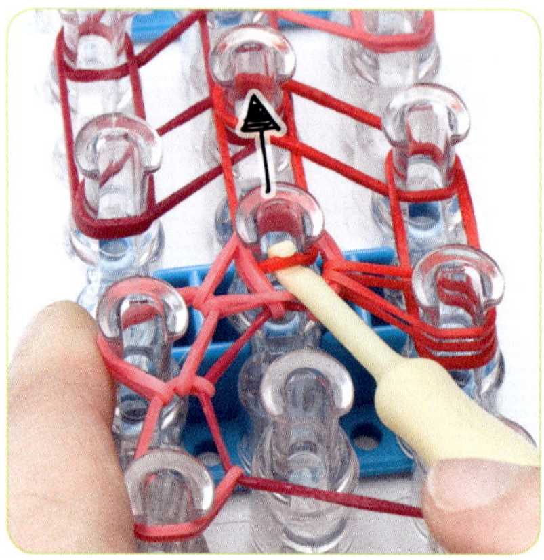

6 Knüpfschritt (6): Dann den verbleibenden roten Gummiring auf demselben Stift, von dem du gerade ausgegangen bist, über den Stift direkt darüber ziehen.

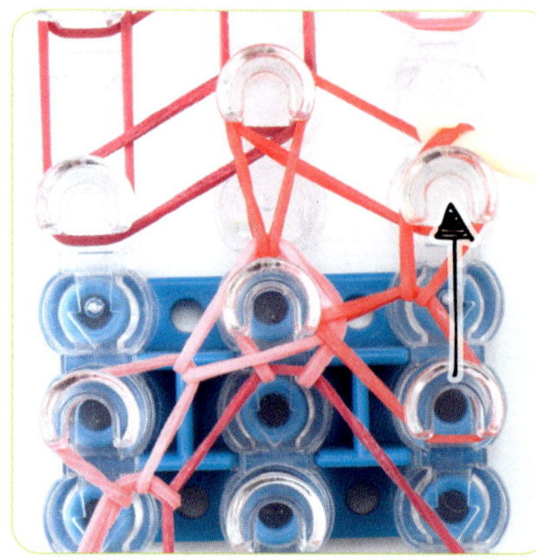

7 Knüpfschritt (7): Nun den unteren roten Gummiring an der Seite erfassen und über den Stift direkt darüber ziehen.

8 Knüpfschritt (8): Zuletzt den unteren roten Gummiring vom zuletzt belegten Stift mit der Häkelnadel erfassen und über den Stift schräg links darüber ziehen. Damit ist auch das zweite Farbquadrat fertig. Dieses Muster aus jeweils vier Gummiringen des linken und des rechten Vierecks gemäß Schemazeichnung fortlaufend wiederholen.

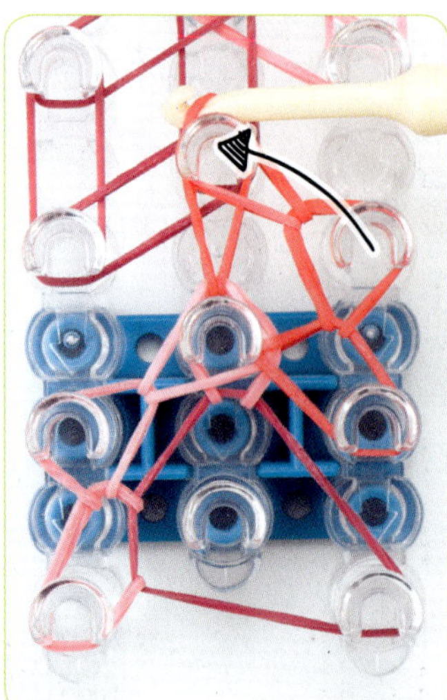

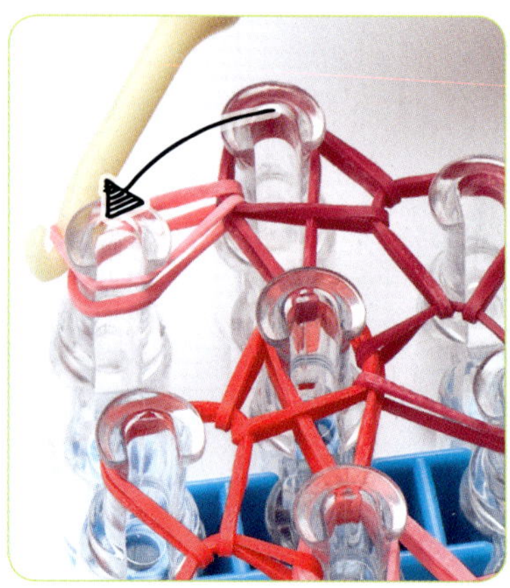

9 Den letzten Gummiring vom obersten Stift in der Mitte zum linken oberen Stift ziehen.

10 Wenn nötig, fügst du weitere Kettenglieder an (siehe Seite 17). Am letzten Glied einen Clip anbringen und das Armband vom Rahmen nehmen.

An diesem Ende beginnen

33 x Neon-Grün, 17 x Türkis

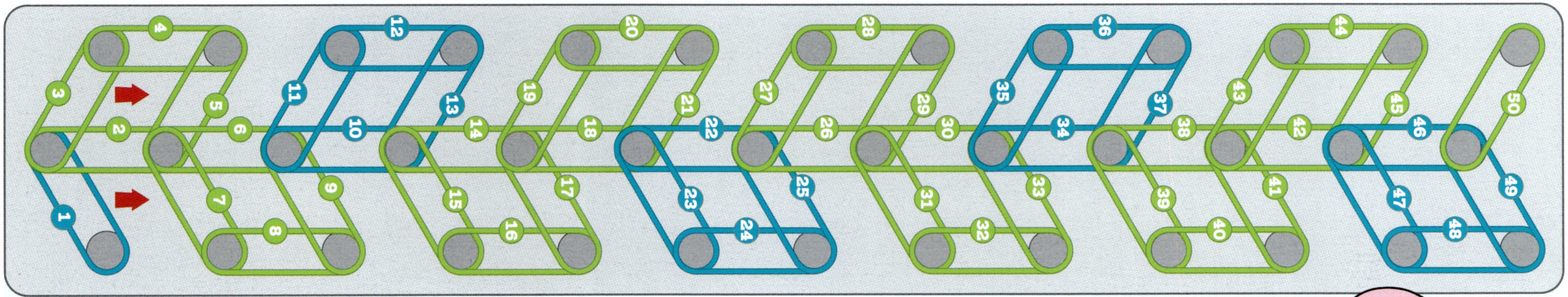

Grasgrün & Himmelblau: Für dieses hübsche, von der Natur inspirierte Muster abwechselnd zwei grüne Vierecke und ein blaues Viereck arbeiten. Das macht Lust auf einen Spaziergang im Park!

An diesem Ende beginnen

25 x Marineblau, 25 x Gelb

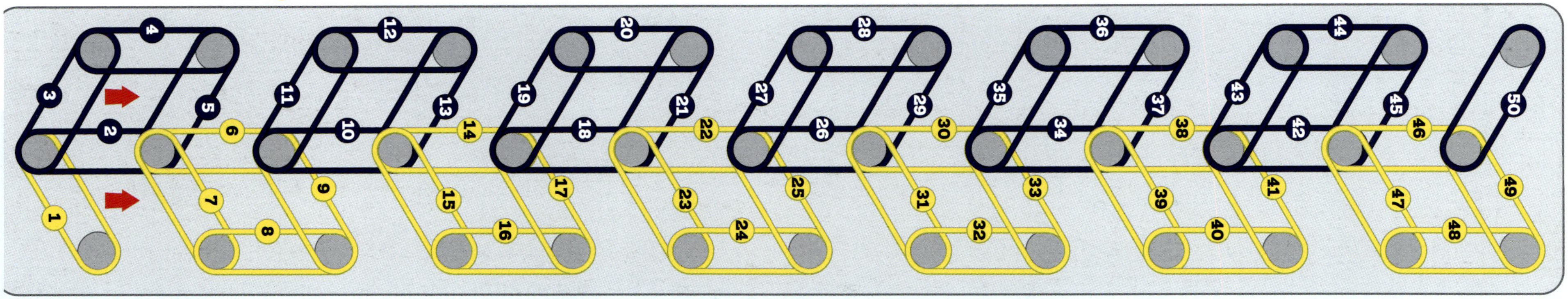

Fans aufgepasst: Für ein tolles Armband, das zeigt, für welchen Fußballverein du schwärmst, abwechselnd Vierecke in den Vereinsfarben arbeiten. Bewundernde Blicke im Fußballstadion sind dir sicher!

Reißverschluss-Armband

Dieser Reißverschluss funktioniert zwar nicht wirklich, sieht aber toll aus. Du kannst den Reißverschluss ganz in einer Farbe arbeiten, die Hintergrundfarben mischen oder andere Farben verwenden ... ganz nach deinem Geschmack! Und ein Extra-Tipp für dich: Wenn du das Band auf dem Handgelenk mit der Innenseite nach außen trägst, hast du praktisch im Handumdrehen ein weiteres, völlig anderes großartiges Schmuckstück. Ist das nicht toll?

Tropical

Königlich

Regenbogen-Reißverschluss

Das brauchst du

- **25** pinkfarbene Gummiringe
- **10** türkisfarbene Gummiringe
- **10** neon-orangefarbene Gummiringe
- **1** pinkfarbener Gummiring als Abschluss
- **1** Clip

Diese Grafik zeigt den Rainbow Loom®, aber es macht nichts, wenn du einen anderen Rahmen benutzt: Geh genau nach Anleitung und Schemazeichnung vor, dann gelingt dein Band perfekt. Möglicherweise bleiben ein paar Stifte ungenutzt.

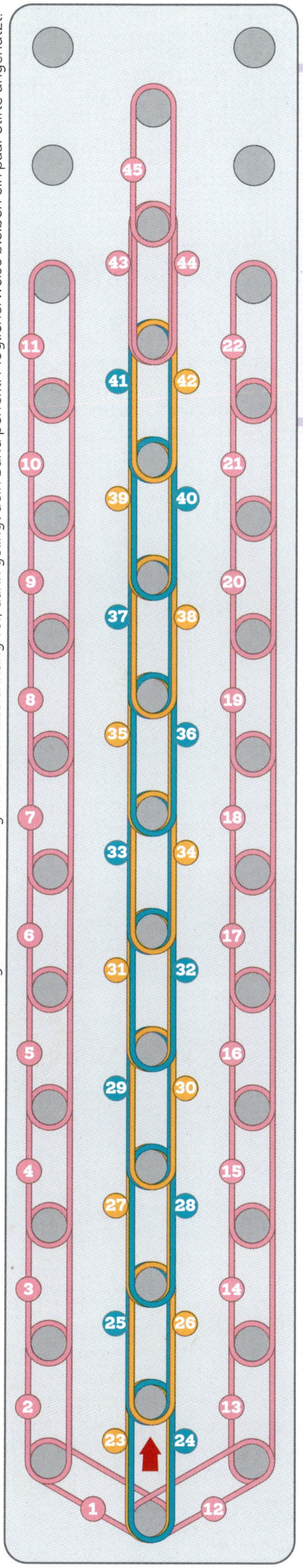

An diesem Ende beginnen

Vorbereitung

Zuerst alle Gummiringe in der angegebenen Reihenfolge auf die beiden äußeren senkrechten Stiftreihen spannen. Oben bleiben jeweils zwei Stifte frei. Dann Gummiringe über die mittlere senkrechte Stiftreihe spannen, doch hier besteht der Kniff darin, jeweils zwei Gummiringe über jedes Stiftpaar zu legen! Spanne die Gummiringe einzeln nacheinander auf, damit sie sich nicht miteinander verdrehen. Für den coolen Farbwechsel zwischen Türkis und Orange bei diesem Band platzierst du beim ersten Stiftpaar Orange unten und Türkis darüber, beim nächsten Türkis unten und Orange oben und so weiter. Zuletzt spannst du die pinkfarbenen Gummiringe 43–45.

Verknüpfen

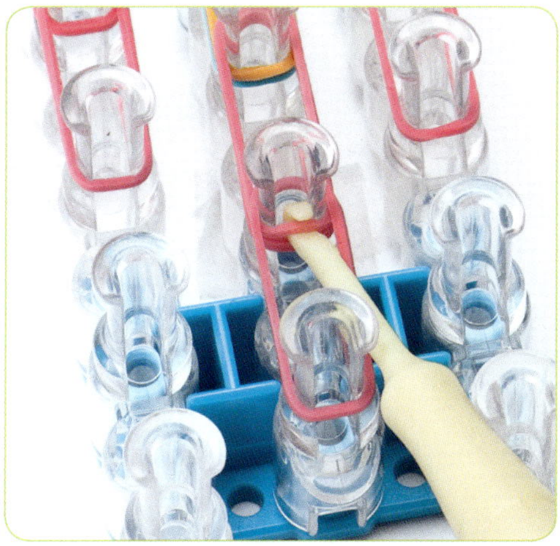

1 Den Rahmen so drehen, dass der Pfeil nach unten zeigt. Zuerst den oberen Gummiring (pink) auf dem zweituntersten Stift in der Mitte mit der Häkelnadel abheben und darauf achten, dass die Gummis nicht verkreuzt sind.

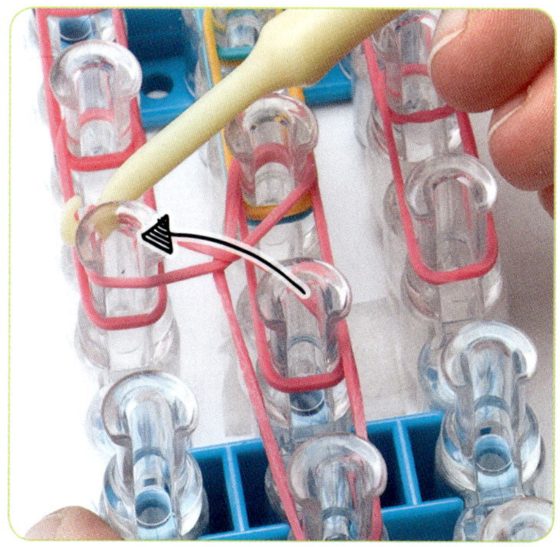

2 Den Gummiring über den Stift schräg links darüber ziehen.

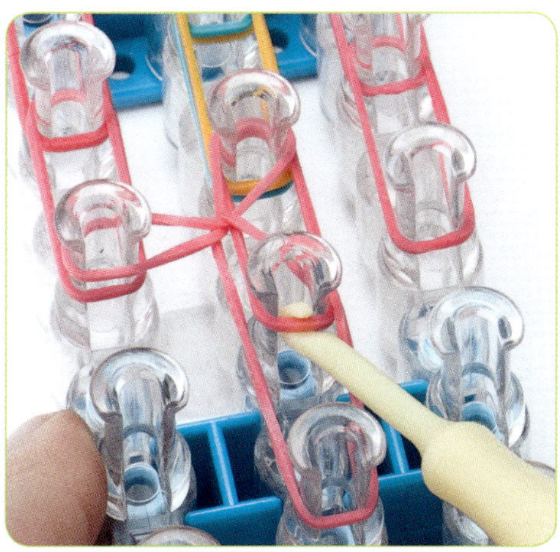

3 Den verbleibenden Gummiring vom zweituntersten Stift in der mittleren Reihe mit der Häkelnadel erfassen ...

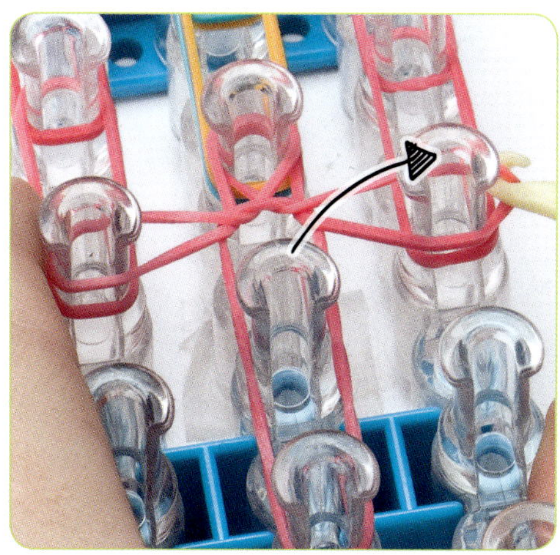

4 ... und über den Stift schräg rechts darüber ziehen.

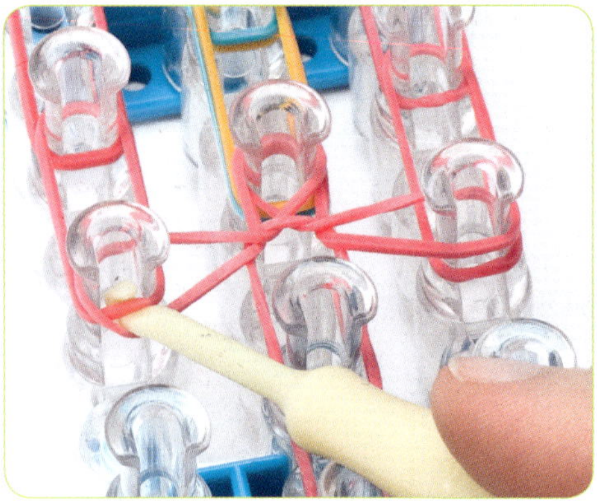

5 Den unteren Gummiring auf dem linken unteren Stift mit der Häkelnadel erfassen (Achtung: In die Rille einstechen!) …

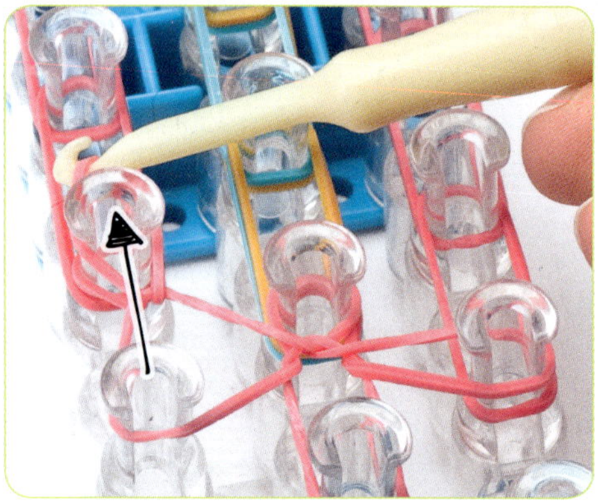

6 … und über den Stift direkt darüber ziehen.

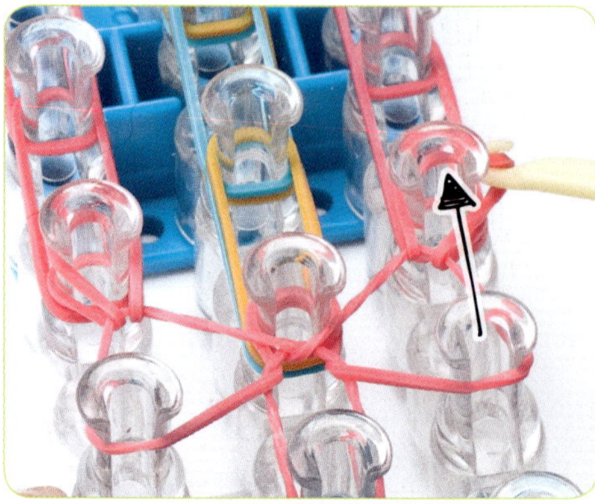

7 Den unteren Gummiring auf dem rechten unteren Stift erfassen und über den Stift direkt darüber ziehen (wie in Schritt 5 und 6).

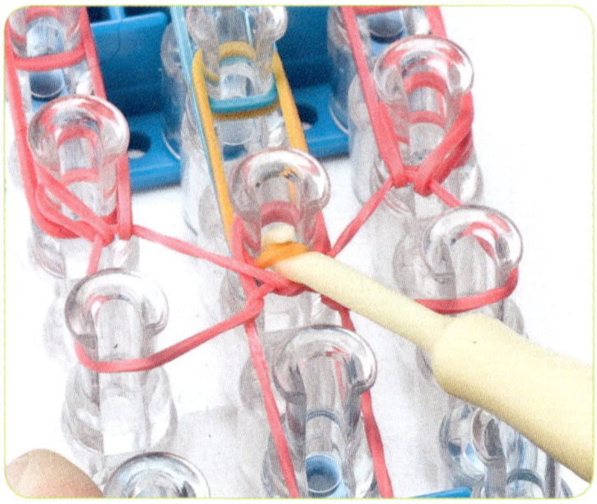

8 Die Häkelnadel in die Rille des dritten Stiftes von unten in der mittleren Reihe einstechen und den oberen Gummiring (neon-orange) erfassen.

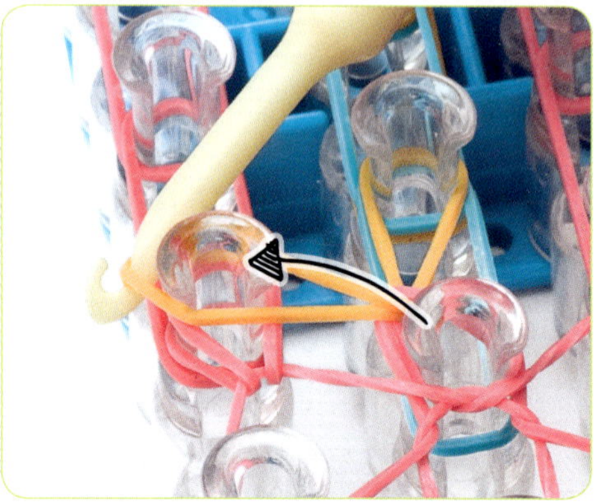

9 Diesen Gummiring in Neon-Orange über den Stift schräg links darüber ziehen.

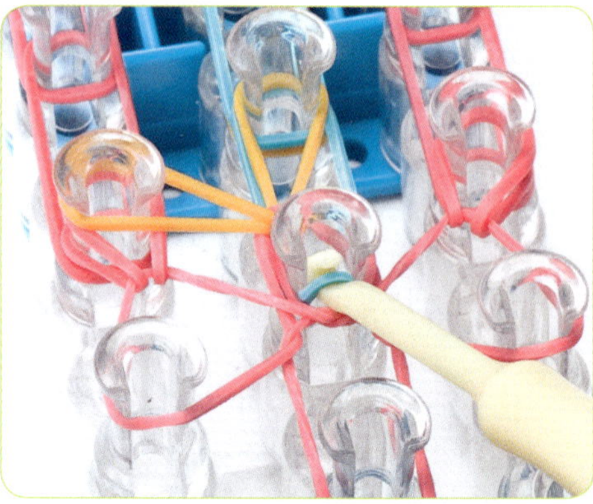

10 Den unteren Gummiring (türkis) vom dritten Stift in der mittleren Reihe erfassen und über den Stift schräg rechts darüber ziehen (wie in Schritt 8 und 9). Achtung! Immer in die Mitte der Rille einstechen, nicht außen um die anderen Gummiringe herumgehen.

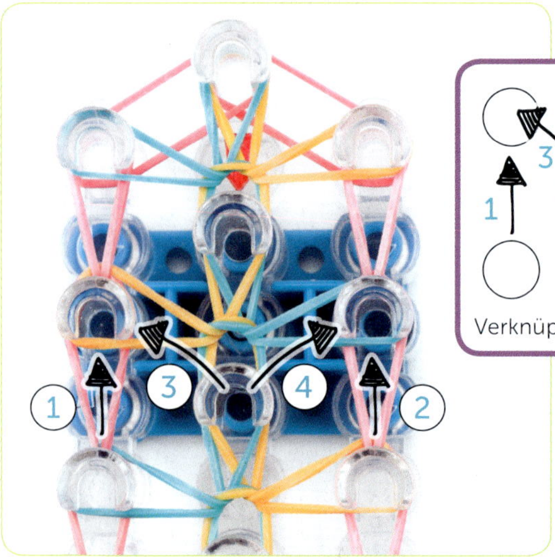

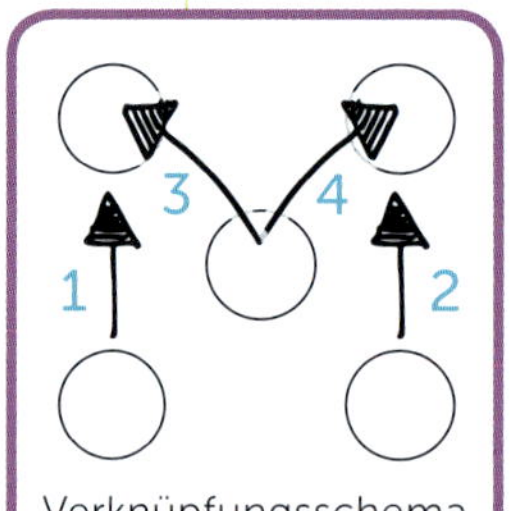

Verknüpfungsschema

11 Nach diesem Schema weiterknüpfen bis zum oberen Ende des Armbandes: Erst den unteren Gummiring der linken Reihe nach oben ziehen, dann den unteren Gummiring der rechten Reihe. Anschließend den oberen Gummiring des mittleren Stiftes schräg nach links oben, dann den unteren Gummiring des mittleren Stiftes schräg nach rechts oben ziehen. Bei den Knüpfschritten 3 und 4 ist 3 immer der obere und 4 immer der untere Gummiring, unabhängig von der Farbe.

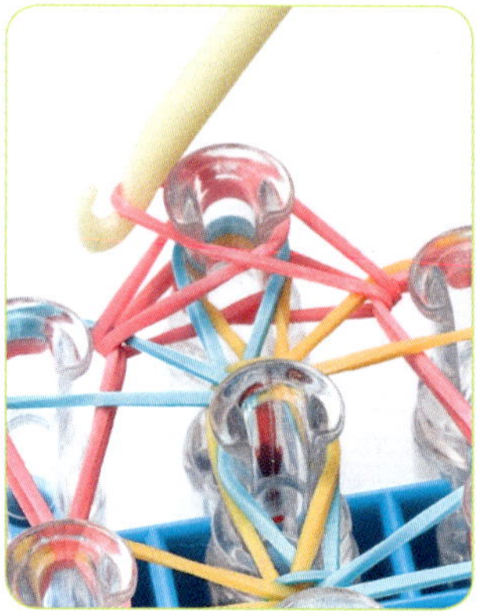

12 Den unteren Gummiring (pink) vom linken oberen Stift über den mittleren Stift ziehen. Auf der rechten Seite genauso verfahren.

13 Die Gummiringe auf dem obersten Stift mit einer Verbindungsschlinge sichern (siehe Seite 14) und gegebenenfalls das Band mit Basic-Kettengliedern verlängern (siehe Seite 17). Das Armband vom Rahmen nehmen.

An diesem Ende beginnen

26 x Violett (einschließlich Abschluss-Ring), 20 x Gelb

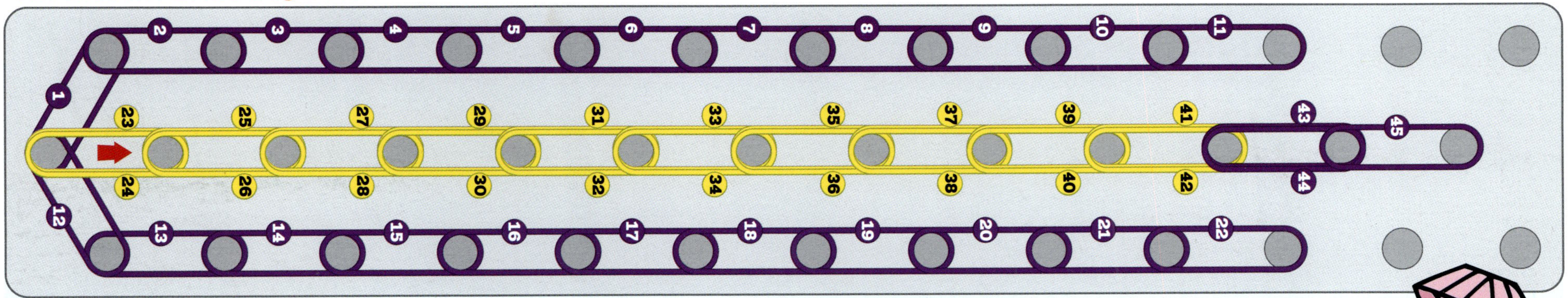

Königlich: Mit diesen besonderen Farben fühlst du dich wie eine Königin! Für das Armband wurden nur gelbe und violette Gummiringe verwendet, wobei der eigentliche Reißverschluss einfarbig ist. Achte beim Verknüpfen sorgfältig darauf, immer den jeweils richtigen gelben Gummiring mit der Häkelnadel zu erfassen.

An diesem Ende beginnen

26 x Weiß (einschließlich Abschluss-Ring), 2 x Gelb, 2 x Neon-Orange, 2 x Rot, 2 x Fuchsia, 2 x Pink, 2 x Lindgrün, 2 x Blaugrün, 2 x Türkis, 2 x Marineblau, 2 x Violett

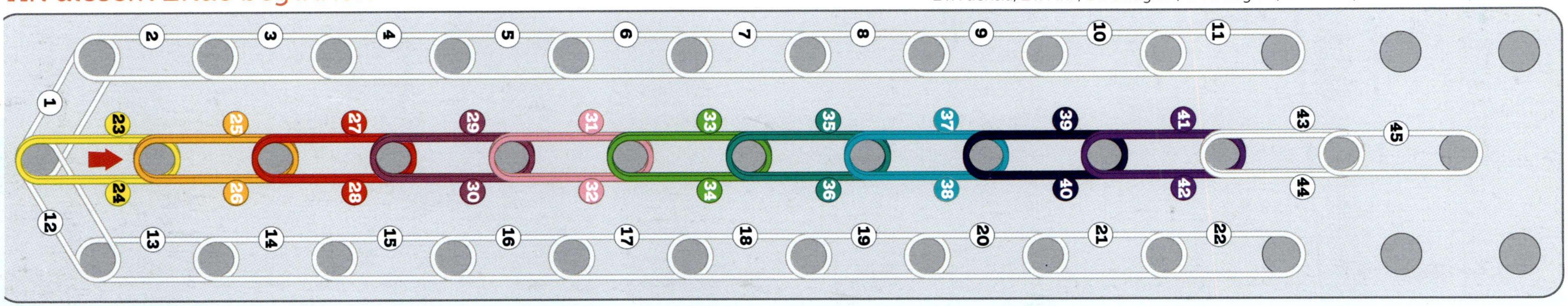

Regenbogen-Reißverschluss: Regenbogenfarben ergeben großartige Reißverschlüsse, wie man hier sieht! Auf einem weißen Hintergrund kommt der Reißverschluss besonders gut zur Geltung.

Armband »Sternenzauber«

Dieses Armband ist etwas für echte Knüpf-Meister! Am besten übst du die Technik erst einmal am Multicolor-Band, denn mit den verschiedenen Farben ist es bei Weitem einfacher, den Überblick zu behalten. Mit ein wenig Übung kannst du alle Varianten dieses tollen Musters ausprobieren.

Multicolor-Sterne

Regenbogen-Sterne

Blütentraum

Das brauchst du

- 33 weiße Gummiringe
- 6 rote Gummiringe
- 6 neon-orange-farbene Gummiringe
- 6 gelbe Gummiringe
- 6 lindgrüne Gummiringe
- 6 türkisfarbene Gummiringe
- 6 violette Gummiringe
- 1 weißer Gummiring als Abschluss
- 1 Clip

Diese Grafik zeigt den Rainbow Loom®, aber es macht nichts, wenn du einen anderen Rahmen benutzt: Geh genau nach Anleitung und Schemazeichnung vor, dann gelingt dein Band perfekt. Möglicherweise bleiben ein paar Stifte ungenutzt.

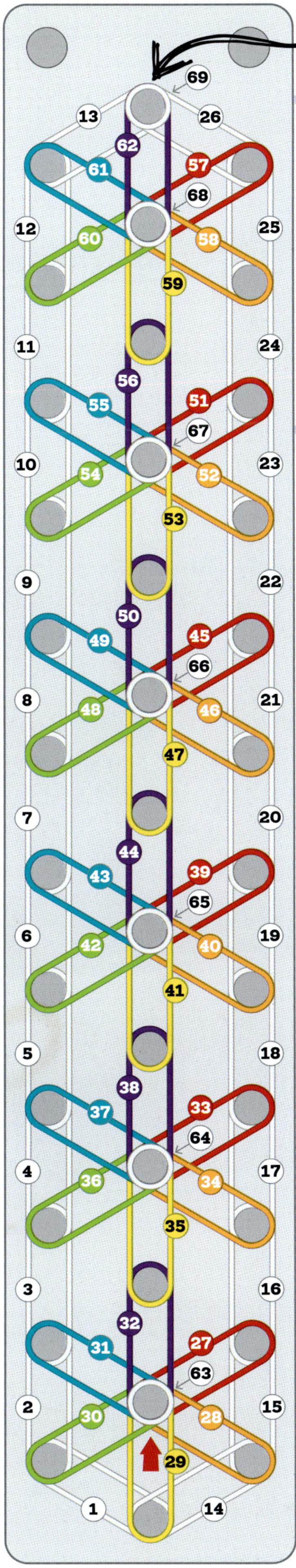

An diesem Ende beginnen

Schau!

Vorbereitung

Den Rahmen zu bespannen ist ganz einfach. Platziere den ersten Gummiring ganz unten. Dann bespannst du die linke senkrechte Reihe, anschließend die rechte senkrechte Reihe. Dann bildest du die Sterne aus jeweils sechs Gummiringen. Achte genau auf die angegebene Reihenfolge. Zuallerletzt legst du jeweils einen doppelt gelegten Gummiring um den einzelnen Stift in der Mitte jedes der sechs Sterne und auf den Stift in der oberen Mitte (Gummiringe 63–69). Das ist überhaupt kein Hexenwerk: Leg einfach den Gummiring um den Stift und schling ihn dann noch einmal herum – genauso wie du deinen Pferdeschwanz mit einem Haargummi machst.

Verknüpfen

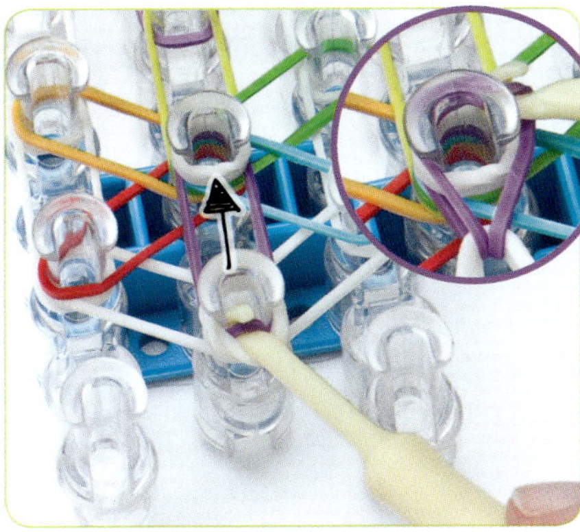

1 Den Rahmen so drehen, dass der Pfeil nach unten zeigt. Die Häkelnadel **von oben nach unten in die Rille des Stifts** in der unteren Mitte einstechen und den ersten Gummiring unter dem doppelt verschlungenen Gummiring erfassen (bei diesem Armband ist er violett). Den Gummiring über den Stift direkt darüber ziehen.

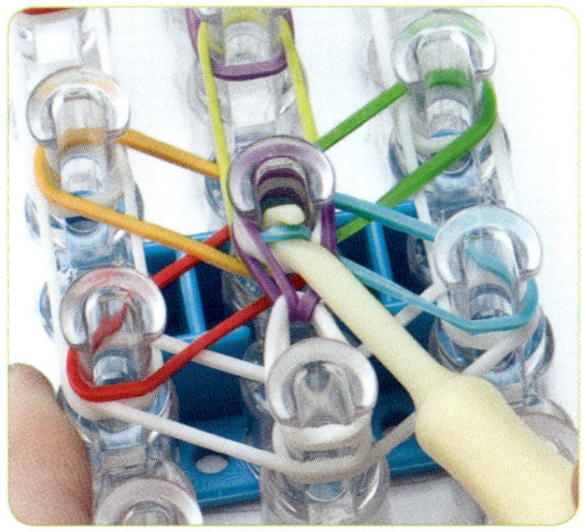

2 Anschließend die Häkelnadel **in die Rille** in der Mitte des ersten Sterns einstechen. Den Gummiring erfassen, der von der Sternmitte nach rechts gespannt ist (hier: türkis). Achte darauf, die Häkelnadel durch den doppelt verschlungenen weißen Gummiring hindurch einzustechen.

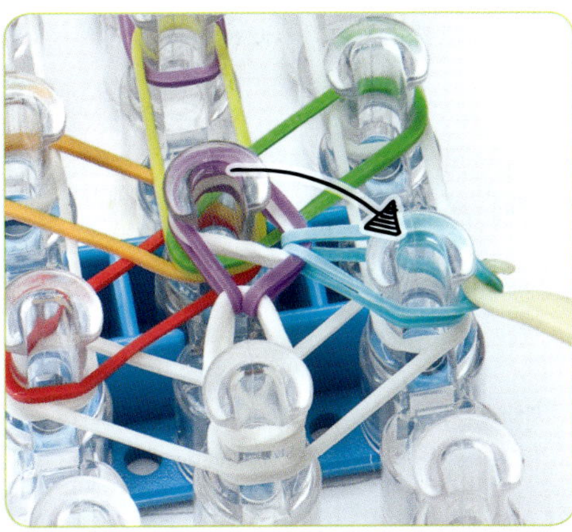

3 Den soeben erfassten Gummiring zum Stift schräg rechts darunter ziehen (= der Stift, von dem dieser Gummiring ausgeht). Dieser erste Gummiring bereitet bei jedem Stern die größten Schwierigkeiten.

4 Nun die Häkelnadel **in die Rille** in der Sternmitte einstechen und den nächstunteren Gummiring erfassen, der von der Mitte nach rechts oben gespannt ist. Den Gummiring zu seinem Ausgangsstift nach rechts oben ziehen.

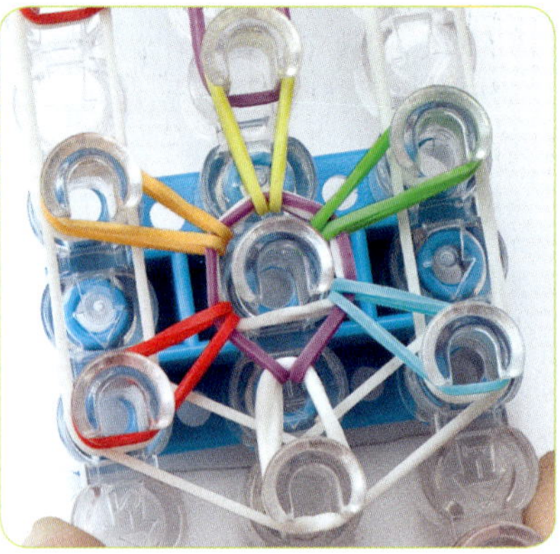

5 Gegen den Uhrzeigersinn auch die übrigen Gummiringe dieses Sterns (= drei weitere) wie die ersten beiden verknüpfen. Am Ende sollte rund um den mittleren Stift eine große Schlinge liegen.

6 Die Schemazeichnung zeigt, wie die Gummiringe bei den übrigen fünf Sternen verknüpft werden müssen: Beginnend mit dem Gummiring, der von der Sternmitte nach rechts unten gespannt ist, alle Gummiringe des Sterns entgegen dem Uhrzeigersinn zu ihrem Ausgangsstift ziehen.

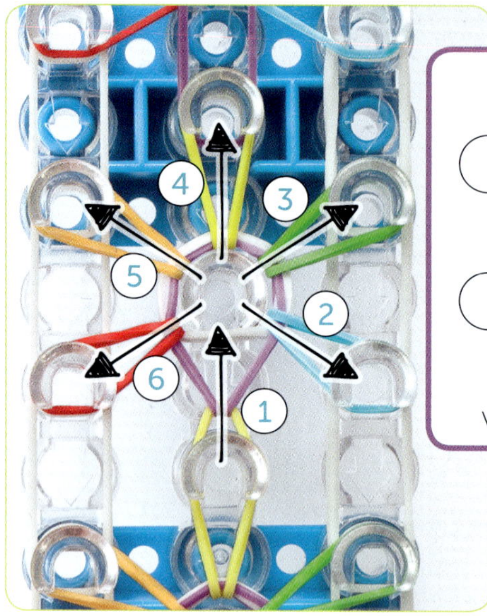

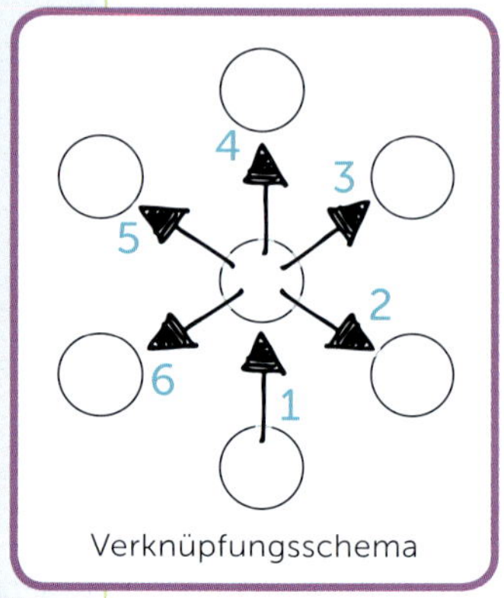

7 Auf diese Weise die Gummiringe der übrigen Sterne verknüpfen und dabei immer dran denken: **Stets in die Rille einstechen!**

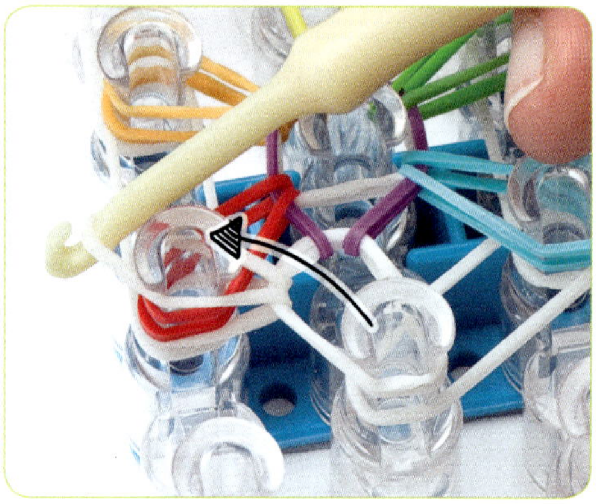

8 Als Nächstes beim Stift in der unteren Mitte den zweiten Gummiring von unten **durch die Rille nach oben** holen und zu seinem Ausgangsstift schräg links oben ziehen. Achte darauf, den richtigen Gummiring zu erwischen!

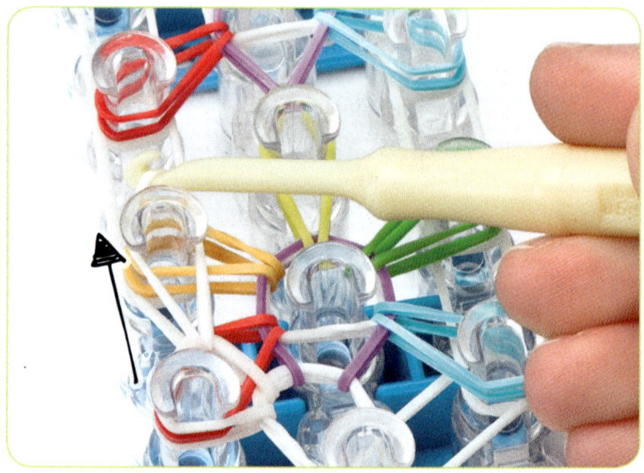

9 Den untersten Gummiring des Stiftes, auf den du gerade den anderen Gummiring gezogen hast, mit der Häkelnadel erfassen. Achte darauf, **die Häkelnadel in die Rille einzustechen.** Diesen Arbeitsschritt bis zum oberen Ende des Rahmens stets wiederholen: Jeden Gummiring vom Rand zum darüber liegenden Stift ziehen.

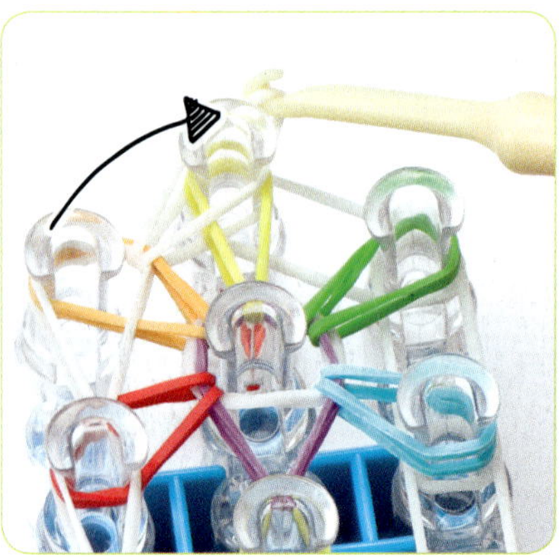

10 Den letzten Gummiring vom linken oberen Stift über den Stift in der oberen Mitte ziehen.

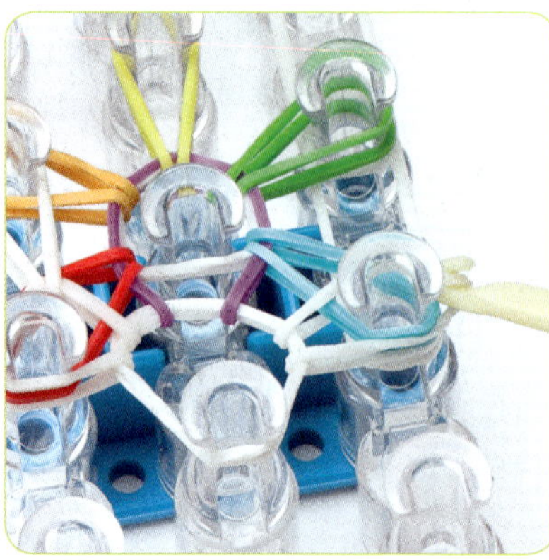

11 Dann wieder in der unteren Mitte beginnen und Schritt 8–10 stets wiederholen, um die rechte senkrechte Reihe zu verknüpfen. Zuletzt den rechten oberen Gummiring über den Stift in der oberen Mitte ziehen.

12 Die Gummiringe in der oberen Mitte mit einer Verbindungsschlinge zusammenhalten (siehe Seite 16) und das Band nach Belieben mit zusätzlichen Gliedern verlängern (siehe Seite 17). Das Armband vom Rahmen ziehen – fertig!

An diesem Ende beginnen

34 x Schwarz (einschließlich Abschluss-Gummibändchen), 6 x Rot, 6 x Neon-Orange, 6 x Gelb, 6 x Lindgrün, 6 x Türkis, 6 x Violett

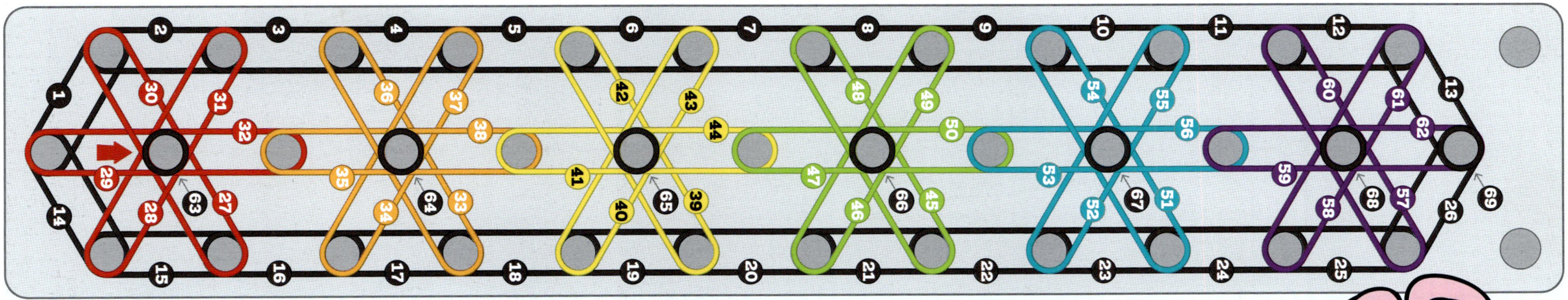

Regenbogen-Sterne: Probier bei deinem nächsten Regenbogen-Projekt mal einen schwarzen Hintergrund aus. Die Farben leuchten noch viel heller als Sterne in der Nacht – garantiert!

An diesem Ende beginnen

34 x Blaugrün (einschließlich Abschluss-Gummibändchen), 18 x Pink, 18 x Neon-Grün

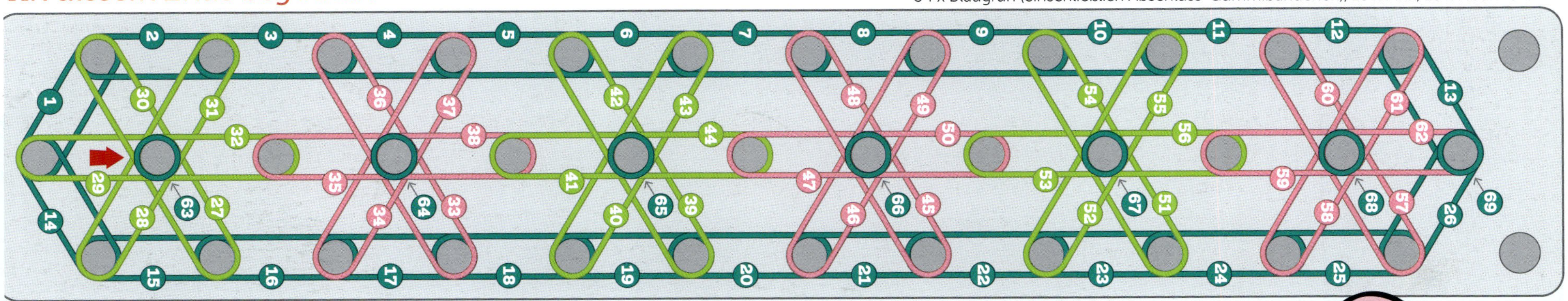

Blütentraum: Dieses Armband erinnert an kleine Blüten im Gras. Wenn du die Farben der Sterne variierst, kannst du einen fantastischen Kontrast erzielen.

Blüte

Diese Blüte ist zwar klein, aber einfach hinreißend und dazu auch noch vielseitig verwendbar: Du kannst sie als Dekoration auf deinen Bleistift stecken, als Anhänger an einem Armband tragen oder mehrere davon zu einem Strauß kombinieren. Viel Spaß beim Anfertigen dieses kleinen Schmuckstücks – und beim Verschenken!

Weihnachtsstern
Traum in Rosa
Gänseblümchen

Das brauchst du

- **7** neon-orangefarbene Gummiringe (mittlere Farbe 1)
- **6** dunkelgrüne Gummiringe (für die äußeren Blütenblätter)
- **6** rote Gummiringe (mittlere Farbe 2)
- **1** neon-orangefarbener Gummiring als Abschluss

Vorbereitung

Die Schemazeichnungen auf Seite 39 zeigen, wie die Gummiringe in drei Lagen gespannt werden. Vergiss nicht, bei der dritten Lage einen doppelt verschlungenen Gummiring über den Stift in der Mitte des Sterns zu legen (eine kurze Erklärung dazu findest du beim Armband »Sternenzauber« auf Seite 35).

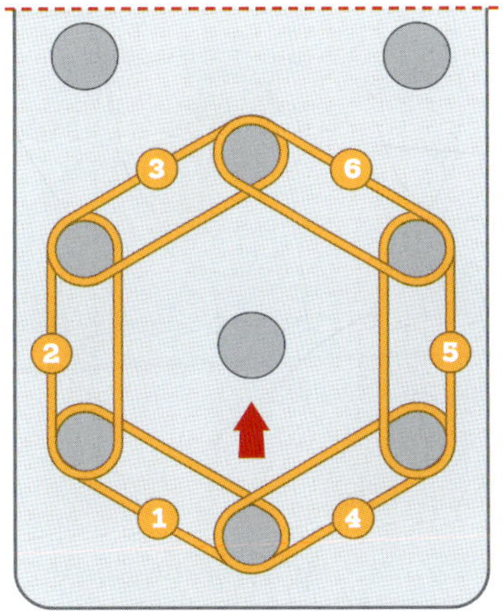

1. Lage (mittlere Farbe 1)

Die Gummiringe 7–12 zum mittleren Stift spannen.

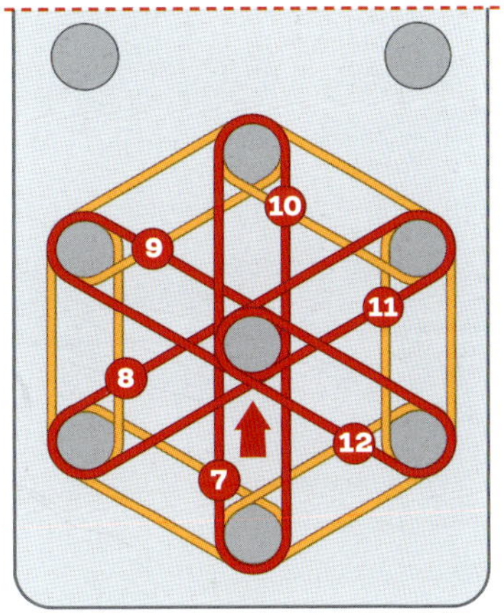

2. Lage (mittlere Farbe 2)

Vergiss den doppelt verschlungenen Gummiring (Nr. 19) nicht!

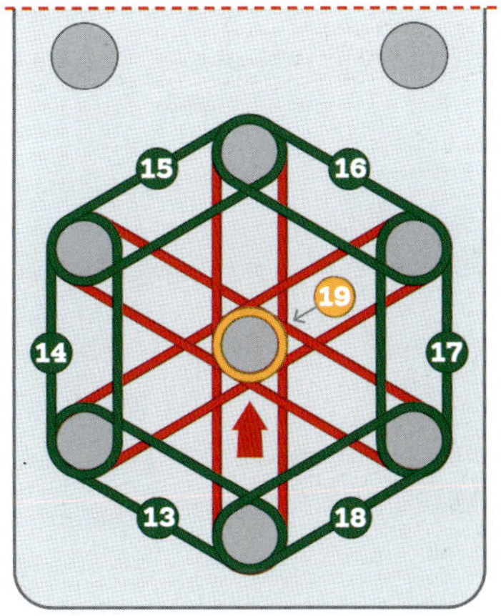

3. Lage (äußere Blütenblätter)

Diese Grafiken zeigen den Rainbow Loom®, aber es macht nichts, wenn du einen anderen Rahmen hast: Geh genau nach Anleitung und Schemazeichnung vor, dann gelingt deine Blüte perfekt. Möglicherweise bleiben ein paar Stifte ungenutzt.

Verknüpfen

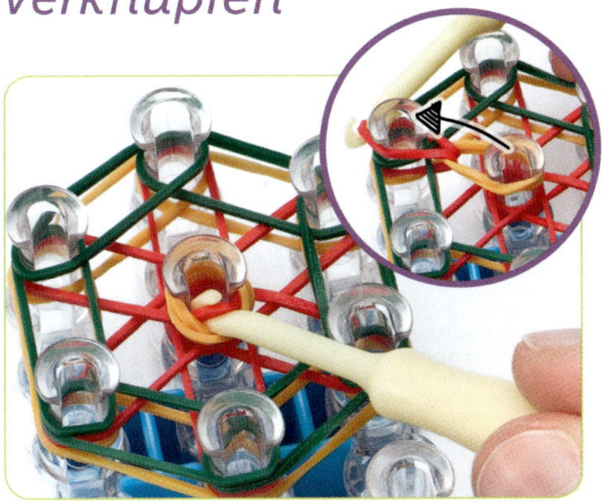

1 Den Rahmen so drehen, dass der Pfeil nach unten zeigt. Die Häkelnadel durch den doppelt verschlungenen Gummiring hindurch **in die Rille** des mittleren Stifts einstechen und den obersten Gummiring erfassen, der vom mittleren Stift strahlenförmig zum linken oberen Stift gespannt ist. Den Gummiring über diesen linken oberen Stift ziehen.

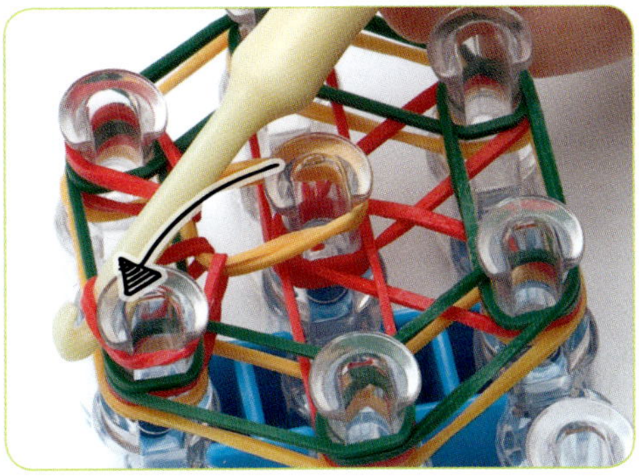

2 Gegen den Uhrzeigersinn die übrigen strahlenförmig gespannten Gummiringe wie den ersten jeweils zu ihrem Ausgangsstift ziehen. Der nächste Gummiring wird also zum linken unteren Stift gezogen. **Achte darauf, die Häkelnadel in die Rille einzustechen,** bevor du den gewünschten Gummiring erfasst, und zieh jeden Gummiring zu dem Stift, von dem er ausgeht.

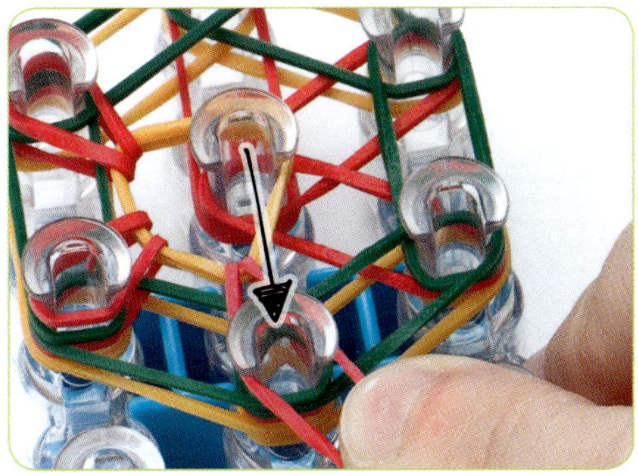

3 Der dritte Gummiring, der vom mittleren zum unteren Stift gezogen wird, kann ein bisschen Mühe machen, weil er ständig versucht, von der Häkelnadel zu rutschen. Am besten hilfst du mit den Fingern nach.

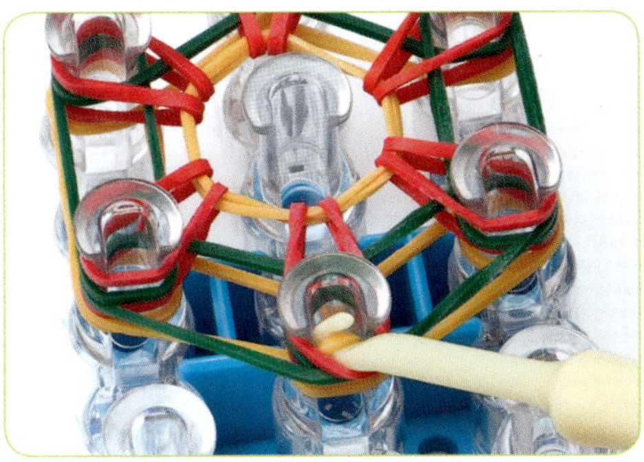

4 Wenn du den ganzen Stern verknüpft hast, die Häkelnadel **in die Rille** des unteren Stifts einstechen und den Gummiring erfassen, der vom unteren zum schräg links daneben liegenden Stift gespannt ist (auf einem Zifferblatt wäre das 7 Uhr).

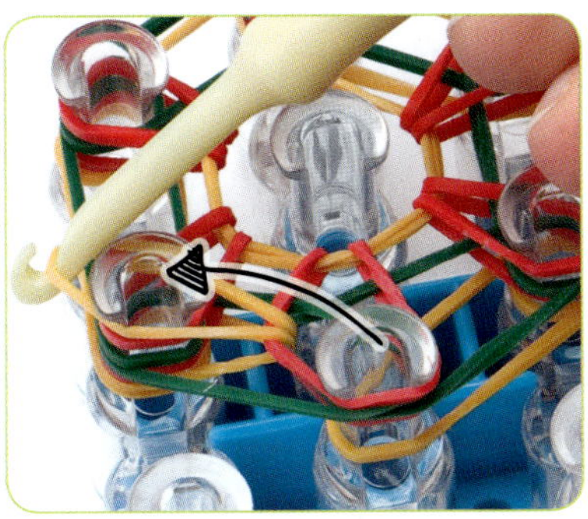

5 Den Gummiring zu diesem Stift schräg links darüber ziehen, von dem er auch ausgeht. Achte darauf, den richtigen Gummiring zu erwischen.

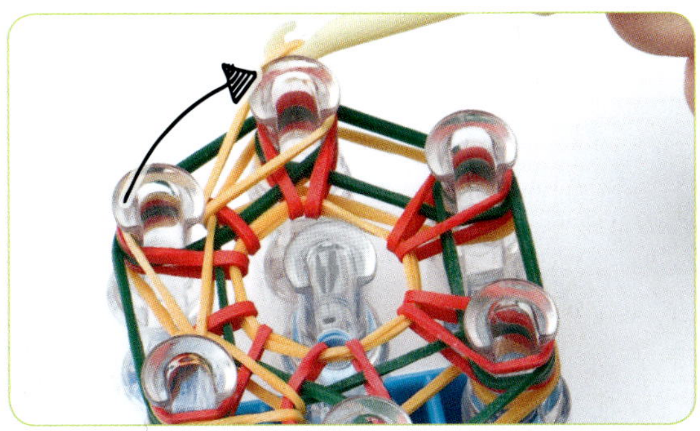

6 Die beiden anderen Gummiringe auf der linken Seite des Sechsecks einen nach dem anderen ebenfalls erfassen und zu ihrem Ausgangsstift ziehen: den ersten vom linken unteren zum linken oberen Stift, den zweiten v linken oberen Stift zum Stift in der ober Vergleiche deinen Rahmen mit dem Foto

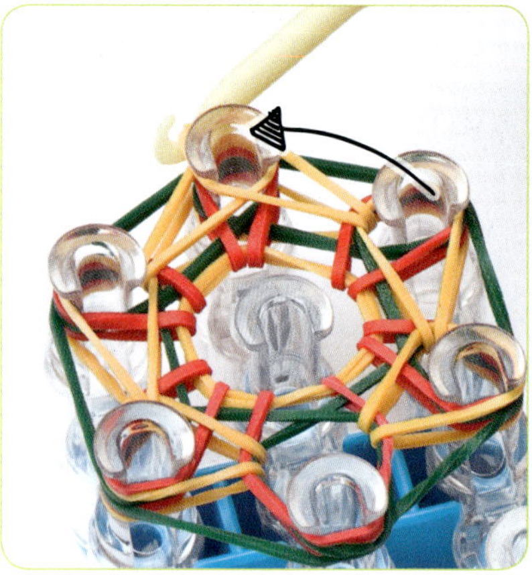

7 Die Gummiringe auf der rechten Seite der Form genauso wie die der linken Seite verknüpfen, dabei beim unteren Stift beginnen (siehe Schritt 4–6).

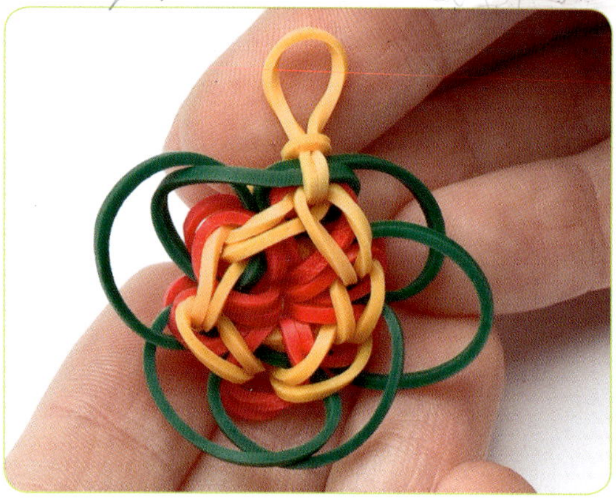

8 Mit dem Abschluss-Gummiring eine Verbindungsschlinge um die Gummiringe am Stift in der oberen Mitte arbeiten (siehe Seite 16), um sie zu sichern, und die Blüte vom Rahmen nehmen. Siehst du, wie die Blütenblätter von der Verbindungsschlinge zusammengezogen werden? Das ändern wir nun.

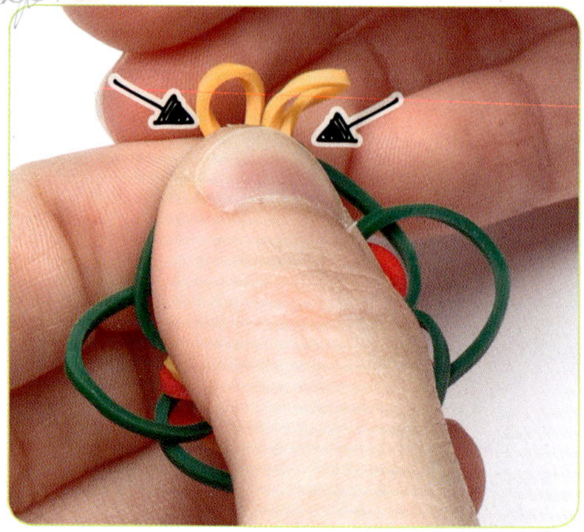

9 Die Verbindungsschlinge so vorsichtig auflösen, dass beide Schlaufen voneinander getrennt werden. Beide Schlaufen sicher mit einer Hand festhalten.

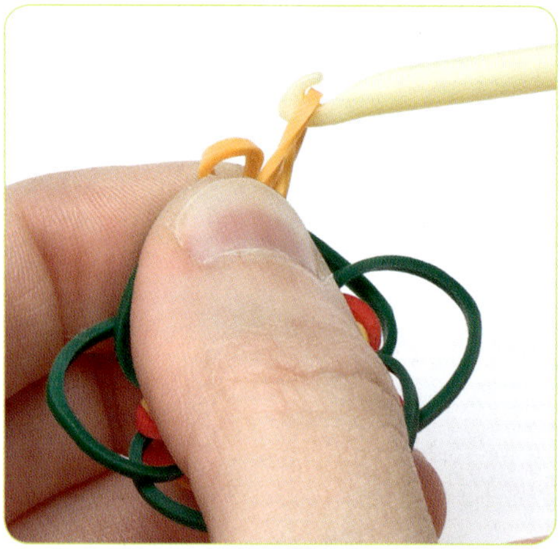

10 Die Häkelnadel in die Schlaufe der Verbindungsschlinge einstechen, die näher bei dir liegt.

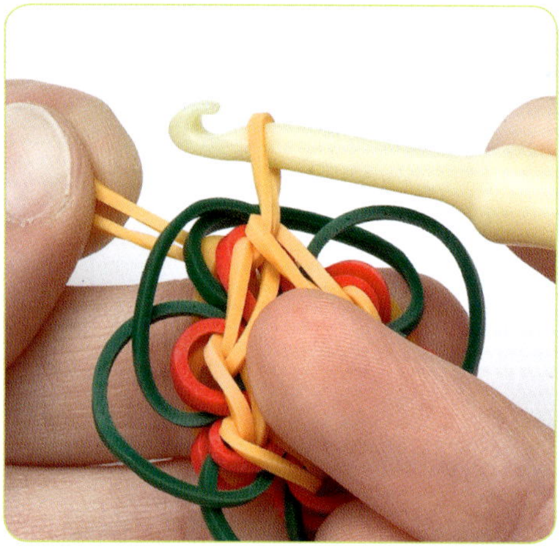

11 Die andere Schlaufe der Verbindungsschlinge, die weiter von dir entfernt liegt, mit der anderen Hand gut festhalten.

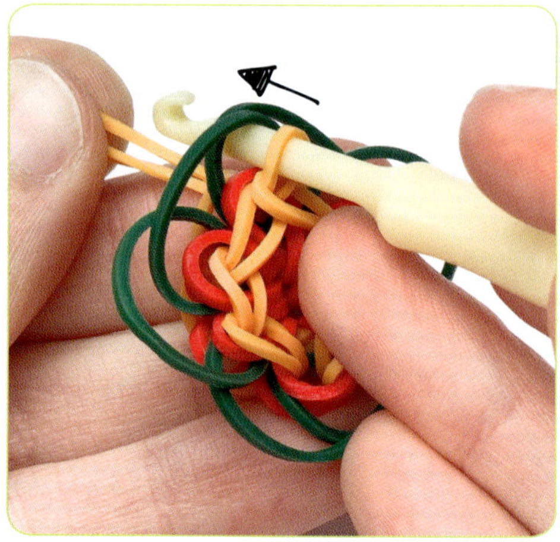

12 Die Häkelnadel an der Stelle durch die beiden benachbarten äußeren Blütenblätter einstechen, an der sich die Gummifäden kreuzen (siehe Foto).

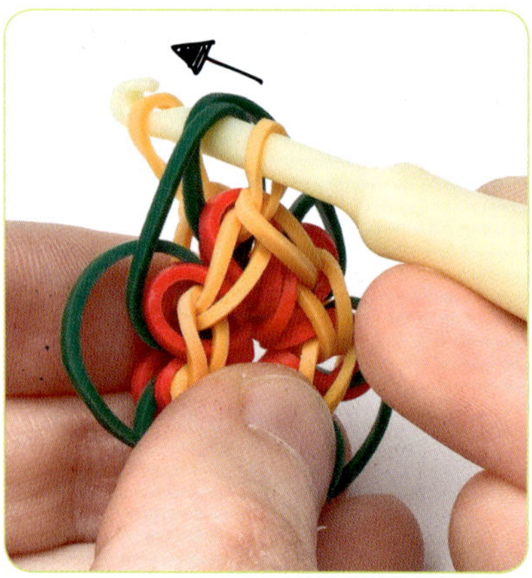

13 Die Häkelnadel durch die entferntere Schlaufe der Verbindungsschlinge einstechen, die du festhältst.

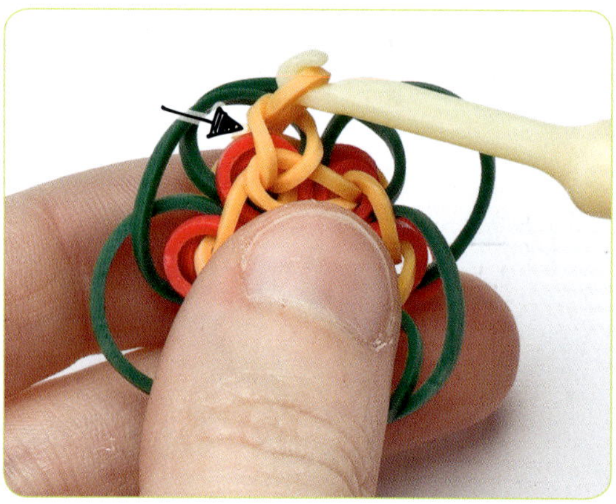

14 Die entferntere Schlaufe der Verbindungsschlinge mit dem Häkchen der Häkelnadel durch die äußeren Blütenblätter und dann durch die näher bei dir liegende Schlaufe ziehen. Die andere Schlaufe der Verbindungsschlinge gleitet dabei von der Häkelnadel.

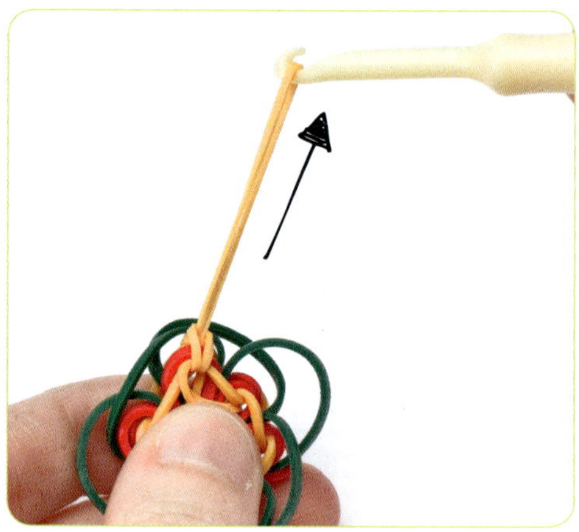

15 Die Verbindungsschlinge durch Zug am Abschluss-Gummiring festziehen: Dadurch entsteht eine neue Verbindungsschlinge. Fertig!

14 x Fuchsia (einschließlich Abschluss-Gummiring), 6 x Pink

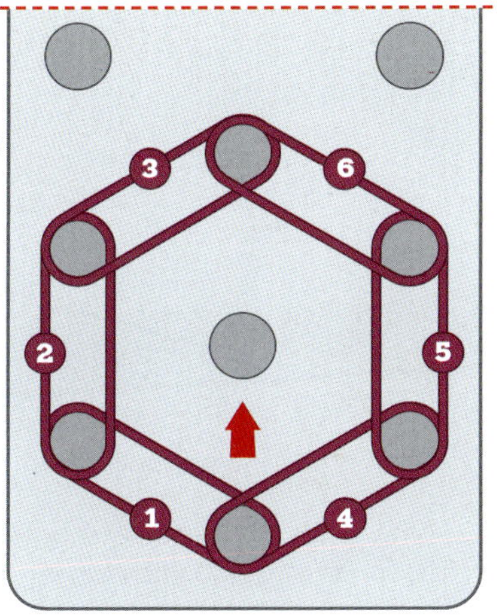

1. Lage (mittlere Farbe 1)

Die Gummiringe 7–12 zum mittleren Stift spannen.

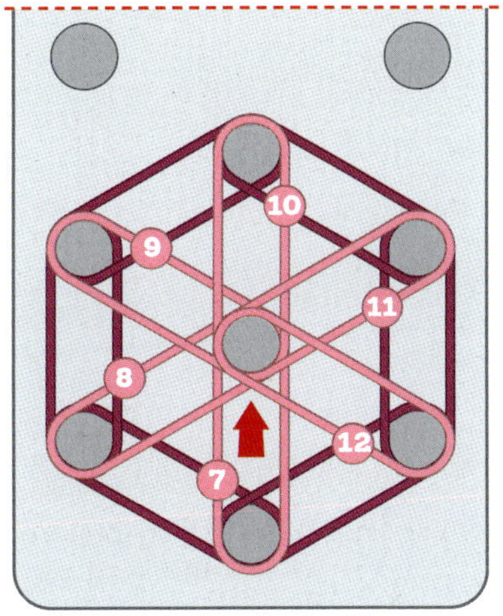

2. Lage (mittlere Farbe 2)

Vergiss den doppelt verschlungenen Gummiring (Nr. 19) nicht!

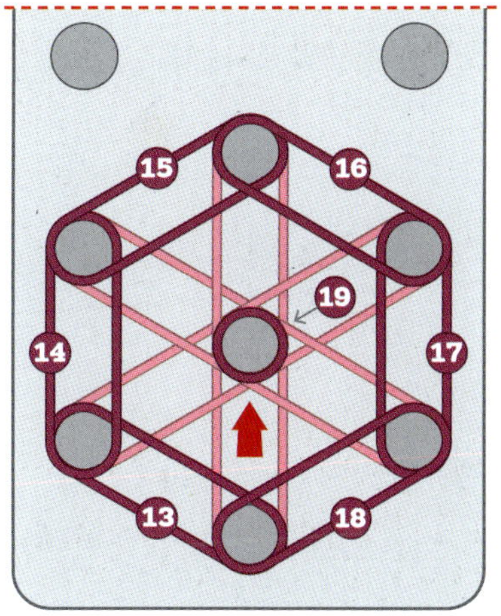

3. Lage (äußere Blütenblätter)

Traum in Rosa: Wenn du die äußeren Blütenblätter in derselben Farbe arbeitest wie manche der inneren Blütenblätter, kannst du einen reizvollen Mehrfarb-Effekt erzielen. Manche echten Blumen haben mehrfarbig gemusterte Blüten wie diese Ansteckblüte!

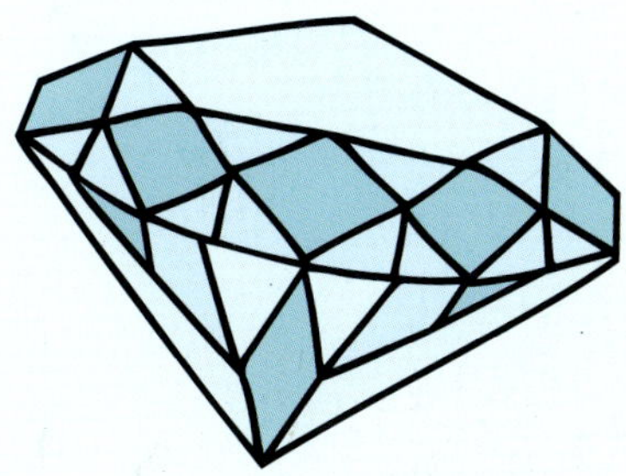

12 x Gelb, 8 x Weiß (einschließlich Abschluss-Gummiring)

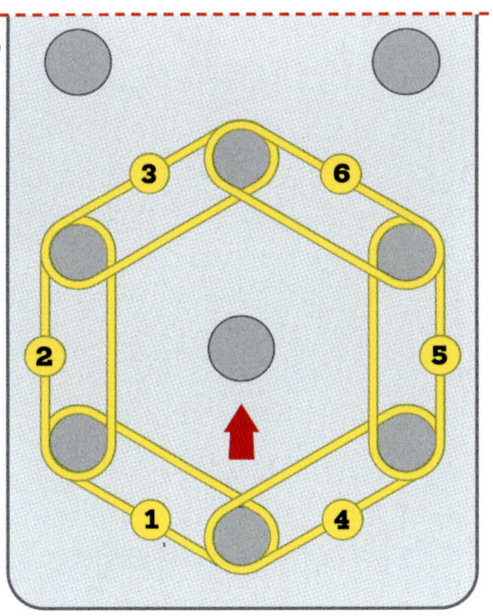

1. Lage (mittlere Farbe 1)

Die Gummiringe 7–12 zum mittleren Stift spannen.

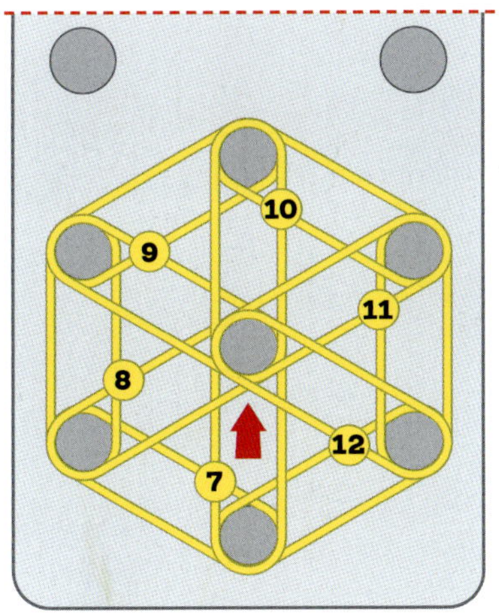

2. Lage (mittlere Farbe 2)

Vergiss den doppelt verschlungenen Gummiring (Nr. 19) nicht!

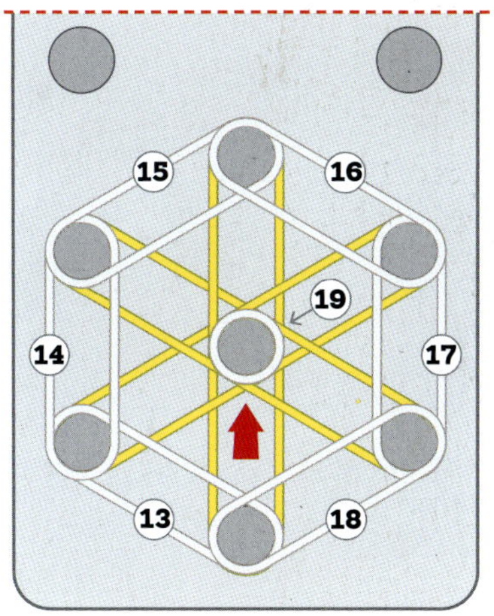

3. Lage (äußere Blütenblätter)

Gänseblümchen: Dieses Gänseblümchen sieht nahezu echt aus! Für die Blüten wurden nur die äußeren Blütenblätter in einer Kontrastfarbe gearbeitet, die inneren Gummibänder sind allesamt gelb, sodass das Blütenzentrum einfarbig wird.

Ohrringe

Diese Ohrringe bleiben in Form, weil die Gummibändchen doppelt genommen werden. Du kannst diese Ohrringe auch mit einfachen Gummibändchen anfertigen wie bei den unten abgebildeten Ohrringen. Eine weitere Variante sind Ohrringe aus einfachen Gummibändchen, jedoch nur aus zehn statt aus 17 Elementen (Mini-Ohrringe unten).

Regenbogen-Ohrring

Ohrringe aus einfachen Gummibändchen

Mini-Ohrringe aus einfachen Gummibändchen

Das brauchst du für zwei Ohrringe

- 8 weiße Gummiringe
- 12 rote Gummiringe
- 8 violette Gummiringe
- 8 azurblaue Gummiringe
- 8 lindgrüne Gummiringe
- 8 gelbe Gummiringe
- 8 neon-orangefarbene Gummiringe
- 2 schwarze Gummiringe (zusätzliche Gummiringe, die abgeschnitten werden)
- 2 weiße Gummiringe als Abschluss (1 je Ohrring)
- 2 Ohrhaken

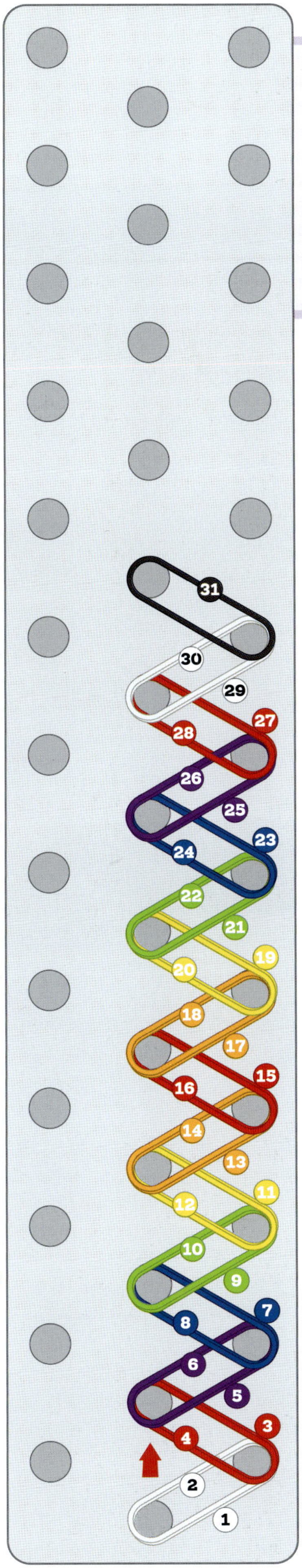

Diese Grafik zeigt den Rainbow Loom®, aber es macht nichts, wenn du einen anderen Rahmen benutzt: Geh genau nach Anleitung und Schemazeichnung vor, dann gelingt dein Band perfekt. Möglicherweise bleiben ein paar Stifte ungenutzt.

Vorbereitung

Bespanne deinen Rahmen wie für ein Basic-Band (Seite 9, Schritt 1–5), doch platziere jeweils zwei Gummiringe statt eines einzigen auf jedem Stiftpaar. Spanne nur immer einen Gummiring auf einmal und achte darauf, die Gummis nicht miteinander zu verdrehen. Auf das letzte Stiftpaar kommt nur ein Gummiring. Dieser Ring wird aufgeschnitten, wenn der Ohrring fertig ist, deshalb kannst du dafür eine Farbe nehmen, die du am seltensten verwendest.

So wird's gemacht

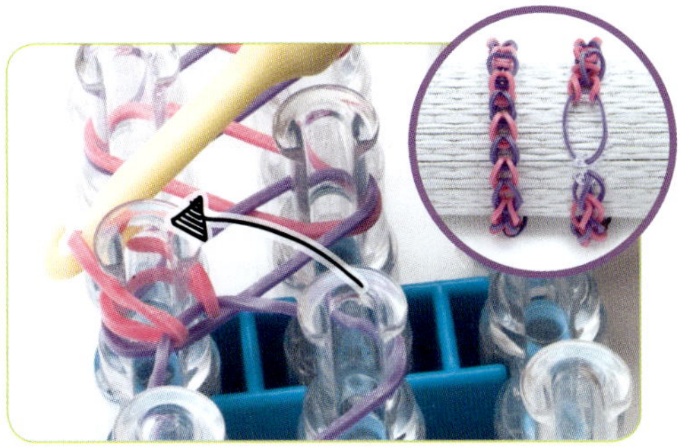

1 Um die Gummiringe zu verknüpfen, den Rahmen umdrehen (Pfeil nach unten), dann alle Gummiringe verknüpfen wie beim Basic-Band (Seite 10/11, Schritt 6–12), doch jeweils beide Gummiringe auf einmal mit der Häkelnadel erfassen und zum entsprechenden Stift ziehen.

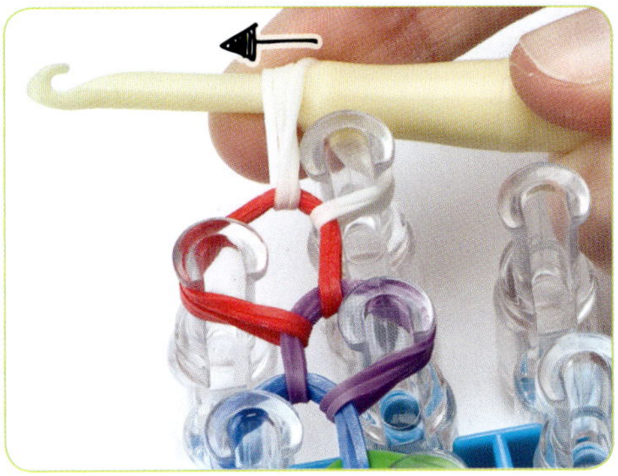

2 Wenn das letzte Gummiring-Paar auf den mittleren Stift gezogen ist, die Häkelnadel durch alle Schlingen auf diesem obersten Stift in der Mitte einstechen und den gesamten Ohrring vom Rahmen ziehen.

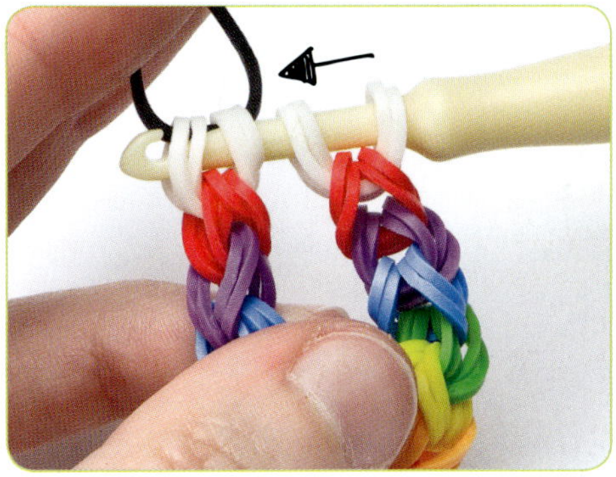

3 Die Häkelnadel durch alle vier Schlingen am einfachen Gummiring am anderen Ende einstechen; dabei darauf achten, den Ohrring nicht zu verdrehen. Achte außerdem auf die Reihenfolge, damit die Schlingen nicht verdreht werden.

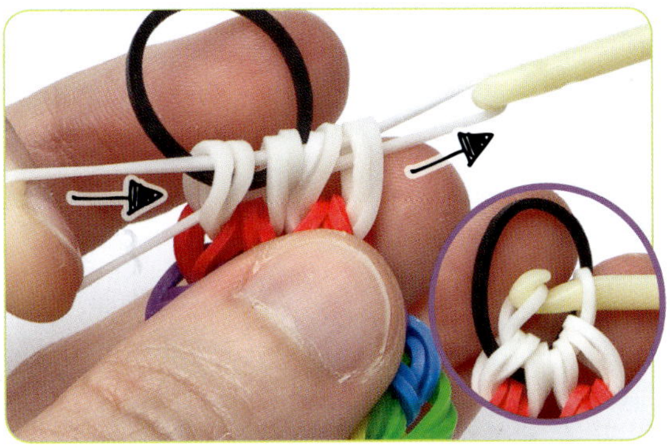

4 Ein Ende des Abschluss-Gummirings erfassen und durch alle acht Schlingen auf der Häkelnadel ziehen, dann das andere Ende des Abschluss-Rings ebenfalls auf die Häkelnadel nehmen (ähnlich wie beim Basic-Band, Seite 14/15, Schritt 3–5). Jetzt kannst du den zusätzlichen Gummiring abschneiden.

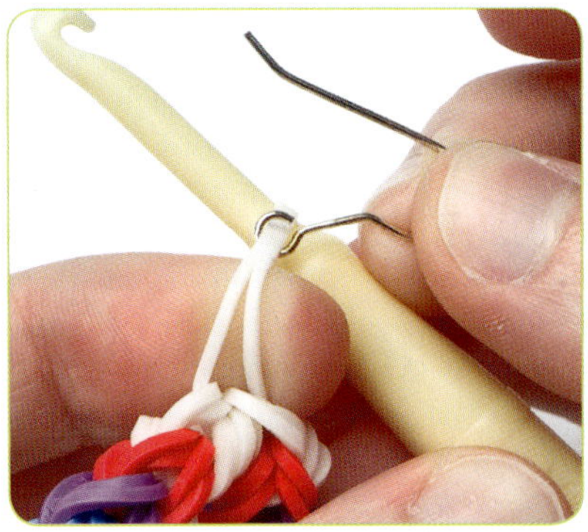

5 Beide Schlingen des Abschluss-Gummirings in den Ring des Ohrhakens einhängen und die Häkelnadel herausziehen.

Hand- und Fußschmuck

Jetzt wird's richtig glamourös mit der Kombination aus Ring und Armband oder Zehenring und Fußgelenkkettchen. Für beide Schmuckstücke brauchst du nur eine Häkelnadel, keinen Rahmen. Weil Menschen ganz unterschiedlich große Hände und Füße haben, musst du deinen Schmuck während der Arbeit immer wieder anprobieren, um zu sehen, wie viele Gummiringe du noch anfügen musst.

Trendige Ring-Armband-Kombi

Das brauchst du

RING

10 orangefarbene Gummiringe

HANDKETTCHEN

9 pinkfarbene Gummiringe

ARMBAND

26 orangefarbene Gummiringe

1 Clip

ZEHENRING

10 marineblaue Gummiringe

FUSSKETTCHEN

9 türkisfarbene Gummiringe

9 blaugrüne Gummiringe

FUSSGELENKKETTCHEN

34 marineblaue Gummiringe

1 Clip

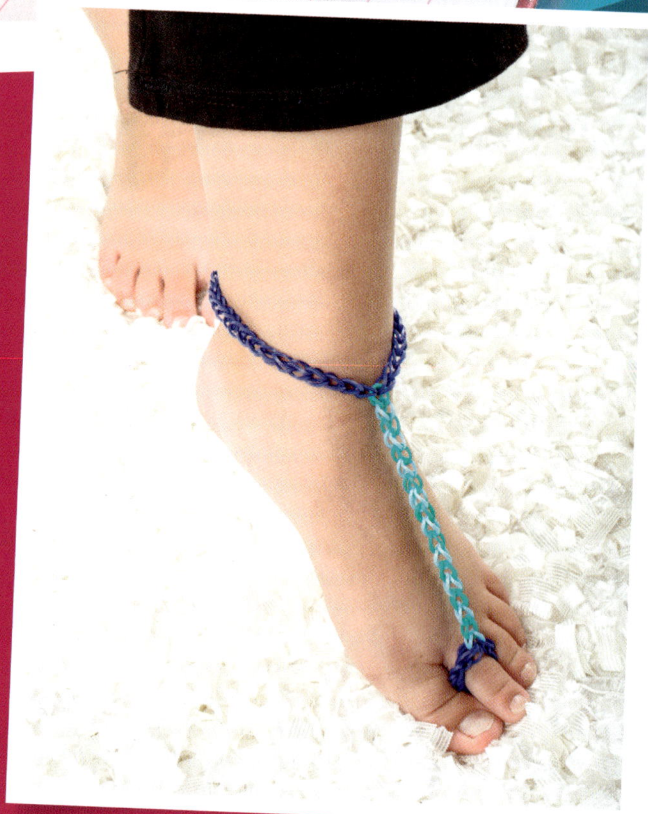

Toller Zehenring mit Fußgelenkkettchen

So wird's gemacht

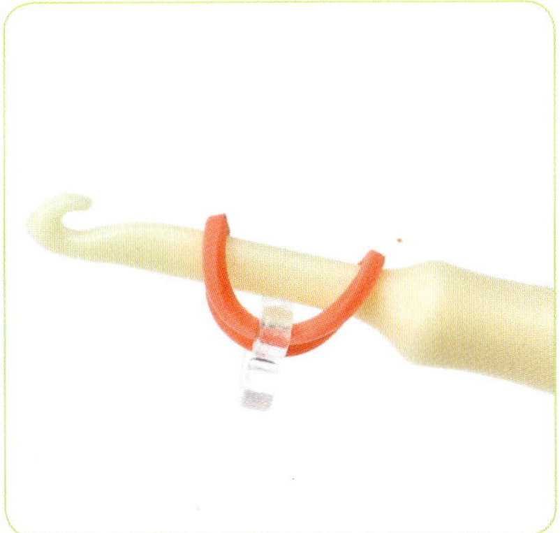

1 Zunächst einen Gummiring mittig falten und beide Schlaufen auf die Häkelnadel legen; in die Mitte einen Clip einhängen, um den Gummiring vorübergehend zu fixieren.

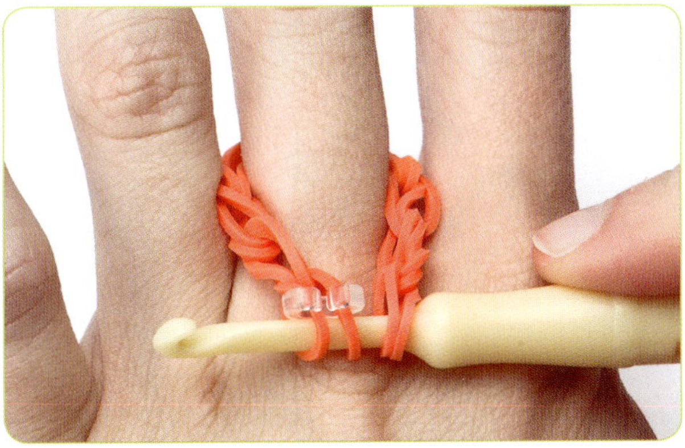

2 Insgesamt zehn Basic-Kettenglieder (siehe Seite 14/15) ineinander einhängen und den Ring um den Mittelfinger (oder die zweite Zehe) legen um zu überprüfen, ob er passt. Wenn der Ring die richtige Größe hat, die Häkelnadel durch die beiden Schlaufen des allerersten Kettenglieds (das mit dem Clip) einstechen.

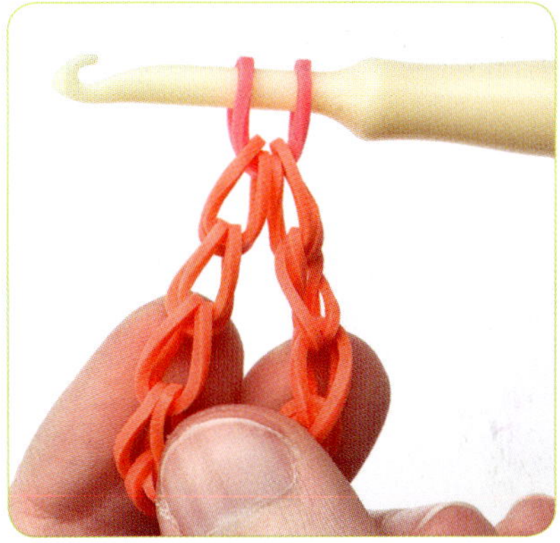

3 Den Clip entfernen, dann ein weiteres Basic-Kettenglied aus dem ersten Gummiring der zweiten Farbe arbeiten und durch alle vier Schlingen auf der Häkelnadel ziehen.

4 Insgesamt neun Kettenglieder in der zweiten Farbe arbeiten (einschließlich des Verbindungsgliedes, das den Ring schließt; beim Fußschmuck insgesamt 18 Kettenglieder arbeiten). Den Ring über den Finger (oder die Zehe) ziehen und die Länge überprüfen.

5 Nun wieder 13 Basic-Kettenglieder in der ersten Farbe arbeiten und am zuletzt eingehängten Glied den Clip anbringen. (Beim Fußschmuck 17 Kettenglieder arbeiten.) Den Ring über den Finger (oder die Zehe) ziehen und das Kettchen in Farbe 1 um das Handgelenk (bzw. das Fußgelenk) legen, um den Sitz zu überprüfen.

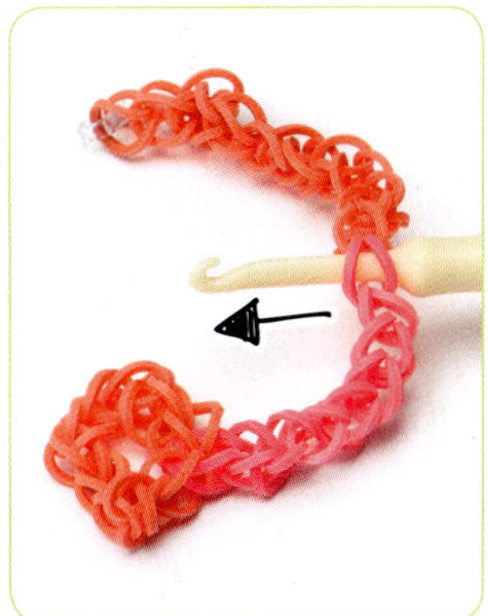

6 Nun wieder zum letzten Kettenglied vor dem Farbwechsel zurückkehren und die Häkelnadel dort einstechen.

7 Weitere 13 Basic-Kettenglieder in Farbe 1 arbeiten: Dieser zweite Strang hängt neben dem ersten aus 13 Kettengliedern. (Für den Fußschmuck 17 Kettenglieder arbeiten.) Die Zahl der Kettenglieder muss dieselbe sein wie in Schritt 5.

8 Das zuletzt eingehängte Kettenglied mit dem letzten Kettenglied des ersten Strangs verbinden; dazu die beiden Schlingen in den Clip einhängen, sodass nun insgesamt vier Schlingen im Clip zusammengefasst sind.

9 Zieh den Schmuck an und korrigiere die Größe des Arm- oder Fußgelenkbändchens, falls nötig. Jetzt kannst du modisch gestylt an den Strand gehen!

Hippie-Gürtel

Bist du bereit für dein größtes Projekt? Dieses Accessoire ist haltbar und zugleich modisch top. Allerdings brauchst du dafür ungefähr 400 Gummiringe, also leg dir zuvor einen ausreichenden Vorrat an! Lass dich von der großen Zahl an Gummiringen nicht entmutigen: Die Technik ist nicht schwierig. Du brauchst nur die Häkelnadel, keinen Rahmen. Komplimente sind dir für deine Kreation schon jetzt sicher. Love, Peace und – Gummibändchen!

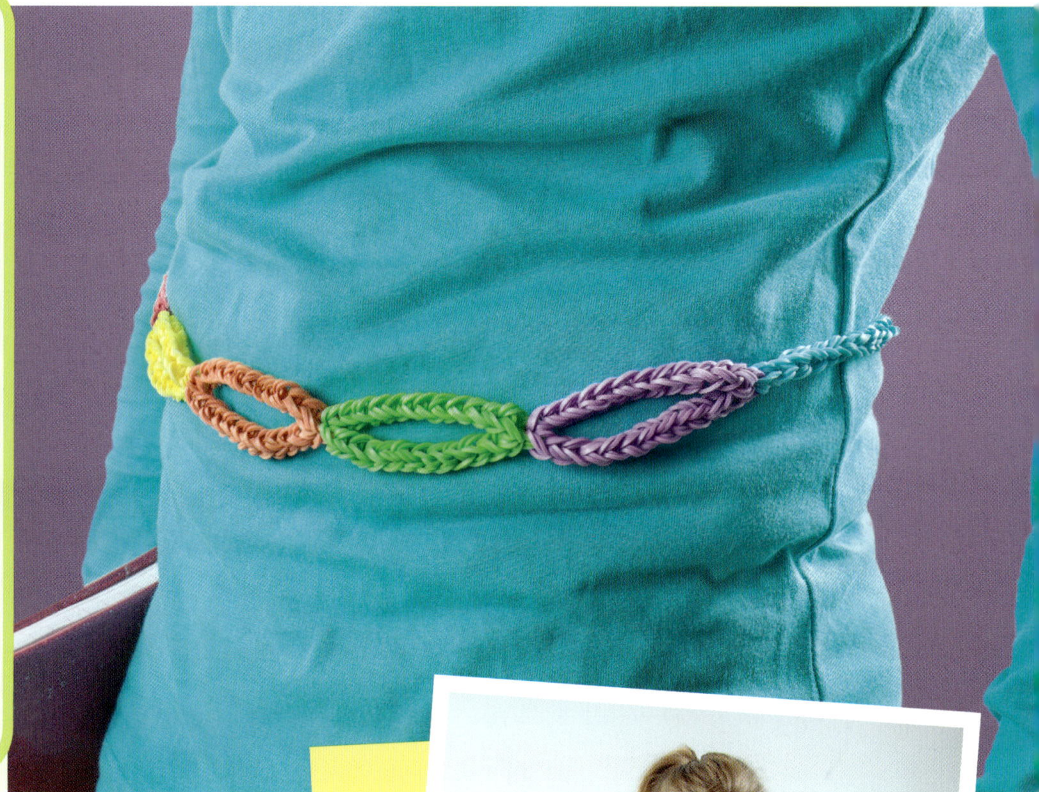

Das brauchst du

- **50** violette Gummiringe
- **50** lindgrüne Gummiringe
- **50** karamellfarbene Gummiringe
- **50** gelbe Gummiringe
- **50** fuchsiafarbene Gummiringe
- **160** türkisfarbene Gummiringe (für den Gürtel)
- **1** Clip

So wird's gemacht

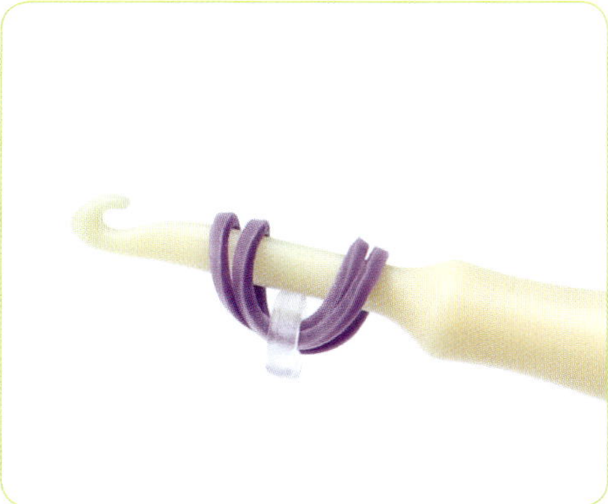

1 Zwei Gummiringe mittig falten, über die Häkelnadel legen und mit einem Clip sichern (wie beim Hand- und Fußschmuck auf Seite 45 beschrieben, jedoch mit zwei Gummiringen).

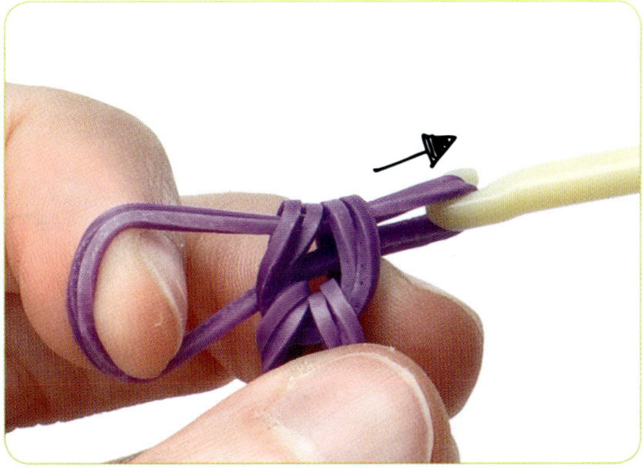

2 25 Basic-Kettenglieder insgesamt (einschließlich des ersten Kettenglieds) mit jeweils zwei Gummiringen arbeiten: Du verwendest immer zwei Gummiringe zugleich. Dabei musst du die Gummiringe fester halten, als wenn du nur mit jeweils einem arbeitest, aber ansonsten geht's wie gewohnt.

3 Wenn du 25 Kettenglieder fertiggestellt hast, schiebst du die beiden Schlingen des ersten Gliedes (desjenigen mit dem Clip) ebenfalls auf die Häkelnadel. Den Clip entfernen.

4 Zwei Gummiringe in der nächsten Farbe, die du verwenden willst, durch alle Schlingen auf der Häkelnadel ziehen und so ein Verbindungsglied schaffen: Genauso hast du den Ring des Hand- und Fußschmucks mit dem langen Kettchen verbunden (Seite 45, Schritt 3).

5 Weitere zwölf Kettenglieder mit doppelten Gummiringen arbeiten. Das letzte Kettenglied mit einem Clip sichern und die Häkelnadel herausziehen.

6 Wieder beim ersten Kettenglied in der neuen Farbe anfangen, die Häkelnadel einstechen und weitere zwölf Kettenglieder mit doppelten Gummiringen arbeiten.

7 Das Ende der zuvor beendeten Kette ebenfalls auf die Häkelnadel nehmen und den Clip entfernen.

8 Ein weiteres Verbindungsglied mit der nächsten Farbe arbeiten (siehe Schritt 4).

9 Auf diese Weise weiter arbeiten: Zwei halbe Kreise anfertigen und dann verbinden (Schritt 5–8). Insgesamt fünf solche verbundenen Kreise arbeiten.

10 Nach dem fünften Kreis wieder ein Verbindungsglied arbeiten wie in Schritt 8.

11 Nun vom letzten Verbindungsglied aus, das du gearbeitet hast, eine lange Kette aus 40 Basic-Gliedern (insgesamt) anfertigen: Dies ist die eine Hälfte des Gürtels. Leg dir den Gürtel um Taille oder Hüften und schau, ob er dort, wo du ihn tragen möchtest, wirklich bis zur Mitte des Rückens reicht. Falls du Kettenglieder hinzufügen oder wegnehmen musst, ist nun der richtige Zeitpunkt. Merk dir, wie viele Kettenglieder du für den halben Gürtel gebraucht hast.

12 Jetzt kehrst du zum allerersten Kreis zurück, den du gearbeitet hast. Die Häkelnadel durch die Mitte des Kreises einstechen: dort, wo die andere Hälfte des Gürtels ansetzen soll.

13 Ein Verbindungsglied aus zwei Gummiringen arbeiten.

14 Insgesamt 40 Basic-Kettenglieder (bzw. die gleiche Zahl wie in Schritt 11) aus doppelten Gummiringen arbeiten.

15 Das Ende der ersten Hälfte auf die Häkelnadel nehmen. Den Clip vom Ende der ersten Hälfte abnehmen.

16 Ein letztes Verbindungsglied aus zwei Gummiringen arbeiten und mit dem Clip schließen. Schon ist der trendigste Gürtel der Welt fertig!